나는
중년
좌파다

2026년 3월 10일 초판 1쇄 발행

글	송상호
책임편집	김세라
디자인	김다솜
마케팅	김선민
관리	장수댁
인쇄	정우피앤피
제책	바다제책
펴낸이	김완중
펴낸곳	내일을여는책
출판등록	1993년 01월 06일(등록번호 제475-9301)
주소	전라북도 장수군 장수읍 송학로 93-9
전화	063) 353-2289
팩스	0303) 3440-2289
전자우편	wan-doll@hanmail.net
블로그	blog.naver.com/dddoll
ISBN	978-89-7746-862-7 03300

나는 중년 좌파다

내일을여는책

목차

나는 왜 '중년 좌파'라고 선언하는가

나는 이 책을 세 사람 덕분에 쓴다. 윤석열, 용혜인 그리고 노무현.

서로 너무 다른 길을 걸어온 이 세 사람은 내 인생의 여러 갈래를 비추는 거울이었다. 한 사람은 나를 분노케 하였고, 한 사람은 나를 부끄럽게 만들었으며, 또 다른 한 사람은 나의 심장을 뛰게 했다. 세 갈래의 정념이 서로 부딪치며 불꽃을 일으켰고, 나는 그 불꽃을 글로 옮기지 않을 수 없었다.

12.3사태, 다시 깨어난 '좌파에 대한 공포'

2024년 12월 3일, 대한민국은 다시 어둠 속으로 미끄러져 들어갔다. 윤석열은 계엄령을 선포하며 외쳤다.

"북한 공산세력의 위협으로부터 자유대한민국을 지키기 위해 종북 반국가 세력을 척결한다."

그의 목소리는 차갑고 건조했다. 그러나 그날, 나는 섬뜩한 기시감을 느꼈다. 1980년대 군홧발의 메아리, 켜켜이 쌓여 있던 공포와 증오가 먼지처럼 일어나 대한민국 하늘을 뒤덮는 순간이었다. 그는 직접 '좌파'라는 단어를 말하지 않았다. 하지만 누구나 알았다. 그의 칼날이 어디를 향하고 있는지. 그날의 공기는 마치 잿빛처럼 탁했고, 나는 숨을 쉬기가 어려웠다. 12.3사태는 단순한 정변이 아니었다. 그것은 해묵은 색깔론의 부활, 역사의 시궁창에서 기어 나오는 망령이었다.

'좌파 = 빨갱이'

오래된, 그러나 결코 사라지지 않은 그 구호가 거칠게 되살아나 거리마다, 방송마다, 사람들의 눈빛마다 스며들었다. 나는 그날을 잊을 수 없다. 어쩌면 그것은 한 시대의 종언이자 또 다른 시대의 시작이었다.

질문 앞에 선 나

12.3사태 이후, 나는 피할 수 없는 질문 앞에 섰다.

'나는 누구인가?'

'나는 어디에 서야 하는가?'

나는 자신을 직시했다. 그동안 나는 '진보'라는 단어 뒤에 숨어 살았다. '좌파'라는 말을 입 밖에 내지 못한 채, 마치 금기어처럼 멀리하면서도, 그 부재가 나를 계속 괴롭히는 것을 느껴왔다. 그날, 나는 더 이상 물러설 수 없다는 것을 알았다. 나는 오래전부터 특별히 좌파라는 의식은 없었지만 좌파적 삶을 살아왔다. 약자와 함께 살아왔고 공정과 평등을 지향했다. 그러나 늘 마음 한쪽은 움츠러 있었다. 이제는 아니다. 나는 결심했다. 숨지 않기로, 외면하지 않기로, 주저하지 않기로. 그리고 이렇게 선언한다.

'나는 중년 좌파다.'

실패한 중년의 가슴에 불을 지른 12.3사태

나는 원래 보수적인 교회와 신학교에서 출발했다. 그러나 '경계 없는 독서'와 삶의 굴곡은 나를 그 세계에서 멀어지게 했다. 부산에서 자라 경기도 안성에 정착한 뒤 나는 새로운 삶을 열었다. 청소년 공부방을 열었고 청소년 체험학습을 진행했고, 시민사회 동료들과 함께 불우한 아이들의 진학을 도왔다. 때로는 청소년들이 주도하여 직접 청소년의 축제를 기획하고 진행하도록 함께했고, 때로는 그 청소년들과 함께 안성 지역방송을 만들어갔다. 그 시절이 내 인생에서 가장 반짝이는 순간이었다.

그러나 그 빛은 10년을 넘기지 못했다. 축제는 시들해졌고, 모임은 흩어졌다. 방송을 함께 하던 청년들은 안성을 떠났고, 나는 홀로 남았다. 안성변화(청소년과 약자가 살 만한 안성으로)를 위해 선거운동을 하다가 선거법 위반으로 징역형을 선고받았다. 모든 것은 끝나버렸고, 아내와 자녀에게 경제적 어려움과 심적 고통을 안겨주었다. 오십을 넘긴 나는 실패한 중년의 초상처럼 보였다. 나는 좌절했다. 경남 의령으로 내려가 변호사 사무장 일을 하며 삶을 이어갔다. 그러나 2024년 12월 3일, 사태는 나를 다시 안성으로 불러들였다. 그날 이후 내 안에 묻혀 있던 무언가가 강렬하게 솟구쳤다. 현실의 무게에 눌려 잊고 있던 청소년들과의 약속이 강렬하게 되살아났다. 그것은 기성세대로서 다음 세대와 맺은 굳은 약속이었다.

세월호와 다음 세대에 대한 부채의식

2014년 4월 16일, 세월호가 가라앉던 날, 나는 안성 청소년들과 축제를 준비하고 있었다. 아이들은 스스로 프로그램을 바꾸어 세월호 친구들을 추모했다. 그 모습을 보며 부끄러웠다. 기성세대의 한 사람으로서 감히 아이들의 눈을 똑바로 볼 수가 없었다.

세월호 참사 이후 더욱 분명하게 다가왔다. 내가 아이들에게 빚졌다는 것이, 그들이 수장된 것은 나를 비롯한 기성세대의 책임이라는 것이. 세월호의 아이들과 이 땅의 청소년들 그리고 아직 태어나지 않은 미래 세대에게 나는 빚을 지고 있다. 가난 때문에 기회를 빼앗기는 세상, 불평등이 일상이 된 세상을 물려줄 수는 없다. 세월호 아이들에게 나는 분명히 약속했다. 그들에게 진 빚을 '더불어 사는 세상'을 이룸으로써 갚겠노라고. 이 빚을 갚기 위해서라도 '좌파적인 가치'가 이루어진 세상을 이루어야 하고, 나는 좌파여야 한다. '중년 좌파'란 부모 세대가 다음 세대에게 드리는 고백이자 약속이다.

청년 좌파와 중년 좌파

사실 나를 스스로 '중년 좌파'라고 고백하게 된 것은 한 젊은 정치인을 보았기 때문이다. 바로 용혜인이다. 그의 SNS 자기소개글 아래에 적혀 있던 다음의 네 글자.

"청년 좌파"

심장이 움찔했다. 그렇다면 나는 무엇인가? 청년 좌파가 있다면 중년 좌파도 있어야 하지 않겠는가. 누군가는 중년의 이름으로 좌파를 선언해야 한다. 그래야 역사가 이어지고, 희망이 끊어지지 않는다. 그리고 나는 노무현을 떠올렸다. 그는 생전에 끊임없이 색깔론에 시달렸다. 굴복하지 않았고, 끝내 대통령이 되어 '더불어 사는 세상'을 꿈꾸었다. 나는 한때 그를 원망했으나, 지금은 그의 길이 곧 내가 가야 할 길이라는 것을 생각하면 심장이 뛴다.

이 책의 목적

이 책은 12.3사태를 지나면서 좌우의 역사를 돌아보고(1부), 오늘의 현실을 진단하며(2부), 미래의 비전을 제시한다(3부). 나는 단순히 '좌파'라는 정체성을 권유하려는 것이 아니다. '양극화와 불평등, 기후위기'라는 거대한 문제 앞에서 좌파적 길이 유일한 해법임을 보여주려는 것이다. 민주시민이라면 누구나 읽을 수 있다. 왜 좌우가 필요한지, 어떻게 색깔론을 넘어 공공성을 되살릴 수 있는지, 이 책은 그 질문을 던지고, 답을 찾아가는 기록이다.

마지막 바람

끝으로, 이 책을 통해 이루고 싶은 작은 바람이 있다면, 좌파라는 단어가 낡은 증오의 낙인이 아니라 다음과 같이 새로운 희망의 이름으로 불리는 것이다.

따뜻한 좌파

친근한 좌파

대한민국을 진심으로 걱정하는 좌파

사회적 약자와 함께하는 좌파

더불어 사는 세상을 꿈꾸는 좌파

민주주의를 DNA로 가진 좌파

내가 '중년 좌파'라고 선언하는 것은, 그런 좌파로 살아내어 언젠가 좌파적인 세상을 이루고 그 길 위에서 다음 세대에게 진 빚을 조금이나마 갚으려는 마음 때문이다. 그래서 나는 다시 당당하게 외친다.

'나는 중년 좌파다. 그리고 나는 뼛속까지 민주주의자다.'

2026년 2월 내란 재판 1심 선고를 앞두고 '더아모의집'에서.
('더불어 사는 아름다운 세상을 만들어가는 모임'의 집 https://cafe.daum.net/duamo)

1부

좌우파의 과거
_권력에서 밀려난 좌파

1장

한눈에 보는 세계사에서 좌우의 역사 _ 아는 만큼 보인다

우리는 흔히 '좌파냐? 우파냐?'라는 질문을 정치 성향을 묻는 가벼운 말장난쯤으로 여기곤 한다. 마치 '매운 음식을 좋아해? 단 음식을 좋아해?'라는 취향의 문제처럼 다루기도 한다. 그러나 실은 그렇지 않다. 좌와 우는 단순한 취향이 아니라 인류가 수백 년 동안 부딪치고 토론하고 싸워온 '삶의 방식에 대한 근본적 선택'을 가리킨다.

좌우는 단순히 취향의 문제가 아니다

왜 그런가? 인간 사회는 늘 불평등을 안고 살아왔다. 누군가는 땅을 가지고, 누군가는 노동을 팔았다. 누군가는 권력을 독점했고, 누군가는 주변부에서 목소리를 잃었다. 이 불평등을 어떻게 받아들일 것인가를 두고 인간은 서로 다른 길을 걸어왔다. '불평등은 당연하다. 사회는 위계와 질서로 유지된다'라는 쪽이 있었고 '인간은 본래 평등하다. 그러므로 권력과 부를 나누어야 한다'라는 쪽이 있었다. 이것이 바로 오늘날 우리가 말하는 우파와 좌파의 뿌리다.

그래서 좌우의 대립은 단순히 국회 안에서 벌어지는 정쟁이나 정당별 정책 차이로만 볼 수 없다. 그것은 더 큰 차원에서 인류가 끊임없이 던져온 질문 – 어떻게 살아야 하는가, 어떻게 더불어 살아야 하는가 – 에 대한 두 가지 답변이라고 할 수 있다. 우파는 질서를 중시한다. 사회가 유지되려면 차이가 있어야 한다고 본다. 능력의 차이가, 책임의 차이가, 그리고 지위의 차이가 사회를 굴러가게 하는 원동력이라고 본다. 반대로 좌파는 끊임없이 묻는다. 왜 어떤 사람은 굶주리는데 어떤 사람은 사치를 누리는가? 왜 출발선이 다른데도 그걸 개인의 노력 탓으로만 돌리는가? 좌파의 질문은 늘 평등과 정의를 향한다.

결국 좌우는 어떤 삶을 지향할 것인가를 둘러싼 두 갈래 길이다. 그리고 이 길은 시대와 나라 그리고 개인의 삶 속에서 수없이 교차하고 변주된다. 좌우를 모르면 세계사의 큰 흐름도, 오늘의 한국 사회도, 내 삶의 위치도 정확히 읽기 어렵다. "아는 만큼 보인다"라는 말은 그래서 좌우의 역사에 가장 잘 어울린다.

프랑스혁명 – 회의장의 자리 배치가 만든 역사

좌파와 우파라는 말이 처음 쓰인 순간은 1789년 프랑스혁명 때였다. 당시 프랑스 사회는 이미 한계에 다다라 있었다. 국왕 루이 16세의 궁정은 사치와 향락으로 가득했지만, 대다수 민중은 빵 한 덩이를 얻기 위해 줄을 서야 했다. 세금은 가난한 사람들에게 집중되었고, 귀족과 성직자는 각종 특권으로 보호받았다. 이 절망적인 상황 속에서 소집된 회의가 바로 삼부회였다. 여기에는 성직자, 귀족, 평민의 각 대표가 참여했다. 문제는 표결 방식이었다. 전통적으로 세

신분이 각각 한 표씩을 가졌으니 귀족과 성직자가 힘을 합치면 평민은 언제나 패배할 수밖에 없었다. 이 부당함에 평민들은 반발했고, 곧바로 회의장은 뜨거운 논쟁으로 들끓었다.

이때 흥미로운 장면이 펼쳐졌다. 국왕을 지지하며 기존 질서를 유지하려는 이들이 의장의 오른쪽에 앉았고, 왕권을 제한하고 민중의 권리를 옹호하려는 이들이 왼쪽에 앉았다. 처음에는 단순한 자리 배치에 불과했다. 하지만 곧 이 공간적 구분은 정치적 상징으로 자리 잡았다. 오른쪽은 보수, 왼쪽은 혁신을 의미하게 된 것이다. 그 자리에 앉아 있던 사람들을 떠올려보자. 왼쪽에는 로베스피에르 같은 혁명가들이 있었다. 그는 "민중의 권리는 결코 타협할 수 없다"라고 외쳤다. 가난한 이들의 눈물과 분노를 대변하며, 그들의 자유와 평등을 법과 제도로 보장하려 했다. 반대로 오른쪽에는 왕당파와 보수 귀족들이 앉아 있었다. 그들은 "질서가 무너지면 나라가 무너진다. 평등은 허상일 뿐이다"라고 속삭였다.

프랑스혁명의 회의장에서 탄생한 이 좌우 구분은 곧 전 유럽으로 퍼져나갔다. 영국, 독일, 이탈리아의 정치 무대에서도 좌파는 민중과 평등을 이야기했고 우파는 전통과 권위를 지켰다. 결국 하나의 공간적 위치가 세계 정치의 언어가 된 셈이다. 흥미로운 것은, 오늘날 우리가 여전히 국회나 의회를 바라보며 '좌파' '우파'를 말한다는 사실이다. 200년이 넘는 세월이 흘렀지만 당시의 자리 배치가 지금까지도 우리의 사고방식을 규정하는 것이다. 그렇기에 좌우의 이야기를 단순한 역사적 에피소드로 흘려보낼 수 없다. 그것은 오늘의 정치와 사회 그리고 우리 삶을 비추는 거울이기 때문이다.

러시아혁명 - 좌파적 이상과 현실의 갈림길

프랑스혁명이 좌우의 언어를 탄생시켰다면, 러시아혁명은 좌우의 운명을 뒤흔든 거대한 실험이었다.

1917년, 러시아제국은 한계에 다다르고 있었다. 농민들은 여전히 가난에 허덕였고, 도시 노동자들은 하루 12시간 넘게 기계 앞에서 일하면서도 빵조차 구하기 힘들었다. 제정 러시아의 군주 니콜라이 2세는 민중의 고통을 외면한 채 황궁에서 화려한 연회를 즐겼다. 여기에 제1차 세계대전이 겹치자, 민중의 불만은 폭발했다. 이때 무대에 등장한 것이 바로 볼셰비키 그리고 레닌이었다. 레닌과 그의 동지들은 선언했다.

"모든 권력을 소비에트(평의회)로!"

즉, 권력은 왕이나 귀족이 아니라 일하고 생산하는 노동자와 농민에게 있어야 한다는 것이었다. 이것은 단순한 권력 교체가 아니었다. 인류가 처음으로 국가 전체를 좌파의 이상 – 평등, 공동체, 인간 해방 – 위에 세워 보려 한 시도였다. 자본주의 질서를 넘어, 모두가 함께 일하고 함께 나누는 사회를 꿈꾸었던 것이다. 초기의 혁명은 가난한 민중에게 '홍길동'처럼 다가왔다. 가난한 사람들에게 땅이 분배되고, 교육과 의료가 무상으로 제공되었다. "모두가 주인인 사회"라는 구호는 수많은 세계 민중을 흥분시켰다. 실제로 20세기 초, 제국주의에 억눌려 있던 아시아, 아프리카, 라틴아메리카의 민중은 러시아혁명을 희망의 등불로 바라봤다.

그러나 이상은 현실의 벽에 부딪혔다. 내전, 외세의 간섭, 경제적 파탄 속에서 볼셰비키 정권은 점점 강력한 통제와 중앙집권을 택하게 되었다. 스탈린시대에 이르러 혁명은 더 이상 자유와 평등의 꿈이 아니라 당과 국가가 모든 것을 지배하는 체제로 변해갔다. 이상을 향한 길이 독재와 공포 정치로 굴절된 것이다. 그럼에도 러시아혁명은 세계사에서 지워버릴 수 없는 사건이다. 왜냐하면 그것이 인류에게 두 가지 중요한 질문을 던졌기 때문이다.

'첫째, 자본주의는 유일한 길인가?'

'둘째, 평등과 해방은 국가라는 틀 안에서 어떻게 실현될 수 있는가?'

러시아혁명은 이 질문들에 완벽한 답을 주지는 못했다. 하지만 그 질문 자체가 이후 전 세계 민중운동, 노동운동, 해방운동을 추동하는 힘이 되었다. 실제로 한국에서도 1920년대 노동자·농민 운동 그리고 해방 후 좌우 갈등의 밑바탕에는 러시아혁명에서 비롯된 사상적 파장이 있었다.

두 번의 세계대전은 냉전시대를 여는 서막

20세기는 두 차례의 세계대전으로 시작했다. 전쟁은 단순한 군사적 충돌이 아니라 좌우의 노선이 어떻게 세계 질서 속에서 작동하는

지를 보여주는 거대한 무대였다.

1차 세계대전은 제국주의의 충돌이었다. 1914년 오스트리아 황태자 암살 사건은 유럽 전체를 전쟁의 소용돌이로 끌어들였다. 독일, 오스트리아-헝가리제국과 영국, 프랑스, 러시아가 맞붙으면서 수천만 명이 전장에 쓰러졌다. 전쟁의 본질은 단순한 동맹국 간의 다툼이 아니었다. 식민지와 자원을 더 차지하려는 제국주의 국가들의 탐욕이 만들어낸 비극이었다. 전쟁이 끝난 뒤, 패전국 독일은 모욕적인 베르사유조약을 받아들여야 했다. 그리고 이 굴욕감과 경제적 몰락은 훗날 히틀러의 파시즘을 낳는 씨앗이 되었다.

2차 세계대전은 파시즘과의 대결이라 볼 수 있다. 1930년대, 경제 대공황 속에서 독일과 이탈리아, 일본은 극우적 파시즘 체제를 강화했다. 히틀러는 '우월한 민족'을 내세우며 차별과 전쟁을 정당화했고, 무솔리니는 "국가는 모든 것 위에 있다"라고 외쳤다. 이때 맞서 싸운 것은 단순히 연합국의 군대만이 아니었다. 좌파적 가치, 즉 평등과 인권, 민주주의를 지키려는 움직임이 파시즘과 정면으로 부딪친 것이었다. 실제로 2차 세계대전은 '민주주의 대 독재', '자유 대 전체주의'라는 이념 전쟁의 성격을 띠었다.

냉전시대는 지구를 좌우로 갈라놓았다

전쟁의 결과, 파시즘은 패배했고 새로운 세계 질서가 열렸다. 그러나 그와 동시에 또 다른 거대한 갈등이 시작되었다. 바로 냉전이다.

1945년, 전쟁은 끝났지만 평화는 오지 않았다. 소련과 미국, 두 초강대국이 세계를 양분하며 새로운 전선이 형성되었다. 소련은 사회주의 진영을 이끌며 동유럽을 위성국가로 만들었다. 미국은 자본주의 진영을 대표하며 서유럽과 일본을 지원했다. 이제 전쟁은 총칼 대신 이념, 경제, 문화의 영역에서 이어졌다. 군사적으로는 나토(NATO)와 바르샤바조약기구가 맞섰고, 경제적으로는 마셜 플랜과 공산권 계획경제가 대립했다. 심지어 스포츠 경기와 우주개발 경쟁까지 좌우의 대결 무대가 되었다. 냉전은 단순한 국제 질서가 아니라 전 세계 사람들의 삶을 좌우로 갈라놓는 체제적 틀이었다. 한국전쟁, 베트남전쟁 같은 비극도 모두 이 냉전구도 속에서 일어났다.

냉전시대는 1991년 소련의 붕괴와 함께 공식적으로 막을 내렸다. 그러나 그 40여 년 동안의 갈등은 오늘날까지도 세계 정치에 깊은 흔적을 남기고 있다. 미국식 자본주의 모델은 '자유와 번영'의 이름으로 확산되었지만, 동시에 불평등을 심화시켰다. 사회주의 모델은 평등을 꿈꾸었지만, 현실에서는 억압과 비효율로 비판받았다. 냉전은 좌우의 경쟁이었지만, 동시에 좌우 모두의 한계를 드러낸 시기이기도 했다.

대공황, 자본주의 최대 위기에 등장한 좌파적인 실험

1929년 10월, 미국 뉴욕의 증권거래소에서 '검은 목요일'이라 불린 대폭락이 일어났다. 순식간에 수많은 은행이 문을 닫고, 기업들이

도산했으며, 노동자들은 길거리로 내몰렸다. 당시 미국의 실업자는 약 1,500만 명에 달했다. 농민들이 수확한 밀과 옥수수를 땅에 묻을 정도로 농산물값이 폭락했다. 도시 거리에는 '빵 줄(bread line)'에 사람들이 끝없이 늘어섰다. 사람들은 자본주의 체제가 과연 지속 가능할지, 인류 사회가 붕괴하는 건 아닌지 불안해했다. 이때 등장한 인물이 바로 프랭클린 D. 루스벨트 대통령이다. 그는 취임 연설에서 유명한 말을 남겼다.

"우리가 두려워해야 할 것은 오직 두려움 그 자체다."

루스벨트는 공포에 휩싸인 국민을 안심시키면서도, 과감한 경제 개혁을 추진했다. 이것이 바로 뉴딜(New Deal) 정책이다(이 정책은 평등한 세상을 위한 해법으로서 19장에서 자세히 다뤄진다). '뉴딜'은 자본주의가 붕괴되는 듯한 순간에 실시한 좌파적 실험이었다. 뉴딜은 당시로서는 매우 '좌파적'으로 보였다. 예컨대 정부가 도로, 댐, 학교를 짓고 실업자들에게 일자리를 제공하는 등 공공사업이 확대되었다. 노령연금, 실업보험 같은 사회보장 제도도 처음 만들어졌다. 또한 노동조합 활동이 법적으로 보장되었고, 최저임금과 근로시간 규제가 시행되어 노동자의 권리가 강화되었다.

이 모든 것은 단순히 경제 회복을 넘어 사회 구조 자체를 바꾸는 실험이었다. 루스벨트의 정책은 보수 세력에게는 '급진 사회주의'처럼 보였고, 좌파 진영에게는 '진짜 혁명은 아니지만 필요한 개혁'으로 받아들여졌다. 흥미로운 점은, 뉴딜이 결국 자본주의를 구했다는 사실이다. 만약 루스벨트가 개혁을 하지 않았다면 미국 사회는 공산주의나 파시즘으로 기울었을지도 모른다. 그는 좌파적 수단을 활용해 자본주의를 안정시키는 데 성공했다. 이후 유럽에서도 비슷한 흐름이 이어졌다. 영국은 복지국가 체제를 구축했고, 독일과 북유럽도 사회민주주의 모델을 발전시켰다. 즉 20세기 중반 자본주의는 좌파적 요구를 일정 부분 수용함으로써 살아남을 수 있었던 것이다.

21세기 들어 기후위기와 경제 양극화가 심화되면서 사람들은 다시 '뉴딜'을 이야기한다. '그린 뉴딜', '디지털 뉴딜' 같은 말이 나온 것도 이 때문이다. 루스벨트의 뉴딜은 단순한 정책이 아니라 좌와 우가 충돌하는 순간에도 새로운 타협과 길이 가능하다는 것을 보여준 역사적 사례였다.

우파(신자유주의)의 반격 - 대처와 레이건

2차 세계대전 이후 약 30년 동안 서구 사회는 '자본주의의 황금기'를 누렸다. 미국은 제조업 강국으로 성장했고, 유럽은 복지국가를 통해 사회적 안정과 경제 성장을 동시에 추구했다. 노동자들은 안정된 일자리와 임금을 누렸고, 중산층은 늘어났다. 하지만 1970년대 들어 균열이 시작되었다. 오일 쇼크로 물가가 폭등했고, 실업과 인플레이션이 동시에 일어나는 스태그플레이션이 발생했다. 복지 확대와 국가 개입은 '비효율'의 상징처럼 여겨졌다. 많은 이들이 묻기 시작했다. '정부가 이렇게 많은 돈을 쓰는데 왜 삶은 나아지지 않는가?' 이때 등장한 인물이 영국의 마거릿 대처와 미국의 로널드 레이건이었다. 대처는 단호하게 말했다.

"사회라는 것은 존재하지 않는다. 존재하는 것은 개인과 가족뿐이다."

레이건도 비슷한 말을 남겼다.

"정부는 문제의 해결책이 아니다. 정부 자체가 문제다."

이들의 메시지는 단순하면서도 강렬했다. '국가가 간섭하지 말고, 개인과 시장의 자유를 최대한 보장해야 한다'라는 것이다. 대처와 레이건이 추진한 신자유주의 정책은 다음과 같았다. 우파의 교과서와 같은 정책들이다. 민영화를 실시해 국영기업을 민간에 넘기고 공공서비스를 시장 경쟁에 맡겼다. 노동조합을 약화시켜 노동자들의 단체행동권을 억압하고 파업을 강경 진압했다. 규제를 완화해 금융과 기업 활동에 대한 국가 규제를 최소화했다. 부자와 기업의 세금을 줄여 투자를 늘리고 성장을 유도한다는 논리로 부유층에 감세를 실시했다.

신자유주의 정책은 단기적으로는 효과가 있었다. 기업들은 활력을 되찾았고, 경제성장률도 회복되었다. 하지만 그 대가도 컸다. 부유층의 소득은 급격히 늘어났지만, 서민들의 삶은 오히려 불안정해졌다. 사회적 안전망은 약화되었고, 노동자들은 '평생직장' 대신 불안정한 고용을 감수해야 했다. 교육, 의료, 주거 같은 영역이 시장 논리에 맡겨지면서 불평등은 더욱 심화되었다. 오늘날 우리가 겪는 양극화와 사회적 불안의 뿌리는 이 시기에 만들어졌다.

대처와 레이건 이후 신자유주의는 전 세계로 퍼져 나갔다. 국제통화기금(IMF)과 세계은행은 개발도상국에 긴축과 민영화를 요구했다. 한국도 1997년 외환위기 때 IMF의 요구에 따라 신자유주의 개혁을 받아들일 수밖에 없었다. 즉, 신자유주의는 단순한 경제 정책이 아니라 전 세계적 '좌우의 힘의 균형'을 바꿔 놓은 사건이었다. 오늘날 우리는 다시 묻는다.

'시장은 정말로 모든 것을 해결할 수 있는가?'

'정부는 정말 문제일 뿐인가?'

기후 위기, 불평등, 저출생 같은 문제는 시장만으로는 해결되지 않는다. 신자유주의는 분명히 한 시대를 주도했지만, 동시에 새로운 한계에 직면하고 있는 것이다.

한국 사회의 좌우 - 좌파는 국가의 적, 우파는 국가 수호자

한국에서 '좌파'와 '우파'의 의미는 서구와 크게 달랐다. 유럽이나 미국에서는 좌파는 평등과 사회적 권리를, 우파는 질서와 개인 책임을 상징하지만, 한국에서는 역사적 · 정치적 배경 때문에 개념이 크게 왜곡되었다. 해방 직후, 토지개혁과 노동운동을 주장하는 세력은 좌파로 불렸다. 그러나 곧바로 '빨갱이'라는 낙인이 덧씌워졌다. 1950년 한국전쟁은 이러한 왜곡을 굳히는 계기가 되었다. 좌파는 국가의 적으로 규정되었고, 우파는 국가 수호의 이름으로 권력을 장악했다.

이런 상황 속에서도 좌파적 가치, 즉 민주주의와 인권을 지키려는 인물이 있었다. 바로 김대중이다. 군사독재 시절 그는 여러 차례 체포되고 심지어 납치당하기도 했다. 그럼에도 그는 포기하지 않았다. "행동하는 양심이 되자"라는 그의 말은 한국 좌파의 정신을 대변한다. 그는 평화와 민주주의를 실현하기 위해 끊임없이 노력했고, 결국 대통령이 되어 오랫동안 억압받던 국민의 권리를 확장했다. 또 다른 인물은 노무현이다. 그는 서민과 노동자의 편에 서겠다고 선언하며 기득권 질서를 바꾸려 했다. 그는 단순한 정책가가 아니라 사회적 약자를 이해하고 함께 살아가는 세상을 꿈꾼 사람이었다. 그의 '사람 사는 세상'이라는 구호는 오늘날 한국 좌파의 이상과 정신을 상징한다.

반면 한국의 우파는 늘 안보와 경제성장을 최우선으로 삼았다. 급격한 변화보다 안정을 택했고, 전통 질서를 지키며 국가주의적 시각을 강화했다. 냉전시대에는 좌파를 '국가의 적'으로 규정하며 억압했고, 그 과정에서 사회적 갈등은 심화되었다.

1987년 6월항쟁과 이후의 민주화 과정에서 좌파적 가치가 점차 사회 중심으로 들어왔다. 노동권, 복지, 인권 등은 이제 더 이상 '빨갱이적 주장'이 아니라 국민 다수의 요구가 되었다. 그럼에도 색깔론은 완전히 사라지지 않았다. 한국에서는 여전히 좌파를 공격할 때 '종북', '빨갱이'라는 언어가 사용된다. 그러나 세계사적 관점에서 보면, 좌파는 민주주의를 확장하고 사회적 약자의 권리를 보호하며 인간의 존엄성을 실현하려는 보편적 움직임의 일부였다.

좌우의 대립, 인류 보편의 탐구

좌우의 대립은 단순히 특정 국가나 시대에 국한되지 않는다. 그것은 인류가 끊임없이 던져온 보편적 질문이다. 인간은 평등해야 하는가? 권력과 부는 어떻게 분배되어야 하는가? 사회적 정의와 개인의 자유는 어떻게 조화될 수 있는가? 프랑스혁명, 러시아혁명, 미국의 뉴딜, 신자유주의 시대, 한국의 민주화 운동까지, 역사 속 모든 좌우의 갈등은 결국 이러한 질문을 풀기 위한 과정이었다.

좌파는 평등과 인간 해방을 꿈꾸며 불합리한 구조와 권력에 도전했다. 우파는 안정과 질서를 강조하며 변화의 속도를 조절하고 기존 체제를 유지하려 했다. 좌우는 대립했지만, 동시에 인류가 한 걸음 나아갈 수 있도록 균형과 긴장을 만들어냈다. 흥미로운 점은, 좌우의 경계는 시대와 사회에 따라 달라진다는 사실이다. 19세기에는 노동권 확보가 급진적 좌파적 요구였지만, 오늘날에는 노동권이 기본권으로 자리 잡았다. 미국 민주당은 자국 내에서는 좌파로 보이지만, 유럽 기준으로는 중도 우파에 가깝다. 즉, 좌우의 대립은 고정된 것이 아니라 시대와 맥락 속에서 변주되는 인간 사회의 실험이라고 할 수 있다.

아는 만큼 보인다

좌우를 모르면 세상의 갈등도, 사회적 변혁의 흐름도, 자기 자신의 위치도 제대로 읽을 수 없다. 우리는 좌우 중 어느 한쪽을 선택하는 순간, 해당 가치관이 작동하여 그것이 자신의 삶과 사회를 만드는 직접적인 기준이 된다. 좌우의 역사를 아는 것은 단순히 정치 공부가 아니다. 그것은 인간 사회가 지금까지 쌓아온 지혜와 실수, 이상과 좌절을 모두 배우는 과정이다. 프랑스혁명의 좌석, 러시아혁명의 격렬한 거리, 루스벨트의 뉴딜 현장, 대처와 레이건의 연설, 한국 민주화 운동의 현장… 이 모든 장면은 인류가 선택과 도전을 반복해 온 기록이다.

우리가 이 책을 통해 좌우의 역사와 흐름을 이해하고, 오늘날 우리가 어떤 사회에 살고 있는지, 우리 사회의 불평등과 갈등이 어디서 비롯되었는지, 그리고 자신이 어떤 가치와 비전을 선택할 것인지를 스스로 판단할 힘을 얻었으면 좋겠다. 좌우의 대립은 단순한 진영 싸움이 아니다. 그것은 더 나은 인간성과 사회를 향한 끝없는 탐구였다. 이제 우리는 그 탐구의 길을 따라 과거를 배우고 현재를 이해하며 미래를 설계할 준비를 해야 하지 않을까.

2장

좌우가 자본주의를 만나면 생기는 일
_ '좌우'의 변화

1장에서 다룬 '좌우의 기원' 내용에서 어딘가 이상하다고 느낀 독자들이 있을지 모르겠다. 프랑스 국왕 루이 16세가 소집한 삼부회에서, 왕의 권위를 인정하고 기존 질서를 유지하려는 이들이 의장의 오른쪽에 앉았고, 왕권을 제한하고 민중의 권리를 주장한 이들이 왼쪽에 앉았다. 오늘날의 기준으로 보면 당시의 좌우는 우리가 이해하는 좌우라기보다 보수와 진보의 구분에 가까웠다. 그렇다면 이후 세계사 속에서 '좌우'와 '보수와 진보'는 어떤 변화를 겪으며 오늘날의 의미를 갖게 되었을까. 우연히 시작된 자리 배치가 어떻게 경제와 사회를 바라보는 관점으로 발전했는지, 그 과정은 흥미롭다.

우연한 자리 배치가 낳은 역사

'좌파'와 '우파'라는 말은 거창한 철학이나 이념에서 출발하지 않았다. 그 기원은 사실 의외로 소박해서, 1789년 프랑스혁명 직전 열린 삼부회의 자리 배치에서 비롯되었다. 그 순간은 단지 공간의 분할일 뿐이었다. 그러나 시간이 흐르면서 '오른쪽'은 질서 · 전통 · 왕권을 상징하게 되었고, '왼쪽'은 변화 · 평등 · 민중을 뜻하는 정치적 언어로 자리 잡았다. 이 단순한 자리 배치가 후세에는 '좌우'라는 정치적 구분의 시발점이 되었다. 좌우의 출발이 우연이었다는 사실은, 그 이후의 모든 대립이 필연으로 굳어졌다는 점에서 더 의미심장하다. 역사에서 단순한 사건 하나가 이후 수 세기를 규정하는 상징이 된 대표적 사례라 할 수 있다. 여기서 중요한 점은, 당시의 '좌우'는 오늘날 우리가 이해하는 경제적 좌우와 정확히 일치하지 않는다는 것이다. 이것은 사실상 보수와 진보의 구분에 가깝다. 즉 왕권 유지와 민중 권리 사이의 태도 차이가 좌우를 낳은 것이지, 자본주의나 경제 구조를 중심으로 한 좌우 개념은 아니었다.

좌우는 '경제' 문제이자 '생존'의 문제

실제로 좌우는 단순한 정치적 태도보다 근본적으로 경제와 생존 문제와 맞닿아 있다. 세상의 어떤 사상과 이념도 경제를 도외시하고는 자리 잡을 수 없다. 사상과 이념이 현실에서 뿌리내리려면 경제 문제가 기반이 되어야 한다. 경제문제를 보다 원색적으로 표현하면, 바로 먹고사는 문제, 즉 인간 생존의 문제다. 우리가 지금 마주하는 좌우 또한 필연적으로 경제와 결합해야 했다. 프랑스혁명 역시 경제 문제, 특히 조세 문제와 식량 위기가 발발의 핵심 원인이었다. 한국의 대표적 서양사학자 노명식은 1980년 저서 《프랑스혁명에서 파리 코뮌까지, 1789~1871》에서 이렇게 기록했다.

"1730년경 이후 지속되던 호경기가 1775년부터 갑자기 불황으로 빠져들었다. 1773년부터 농작물의 흉작이 빈번해졌고, 1775년부터는 식량 부족이 만성화하였다. 더구나 1785년의 대가뭄과 1788~1789년 겨울의 한해는 식량 위기를 더 악화시켰다. 그리고 곡가 양등은 불황의 결정적 요인으로 작용하였다. 1776~1789년 사이의 평균 물가 상승률은 65%였다. 밀과 호밀의 가격이 각각 66%와 71% 올랐고, 대혁명이 일어나는 1789년 여름 6월과 7월에는 각각 150%와 165% 상승했다."(22쪽)

위 기록만 봐도 당시 경제문제가 얼마나 심각했는지를 알 수 있다. 프랑스혁명의 핵심 요인이 경제문제, 특히 세금 문제였다는 점은 우연이 아니다. 세계사에서 세금 문제는 프랑스혁명과 동학농민혁명처럼 민중 봉기의 핵심 요인이었고, 역설적으로 평등 사회로 가는 출발점이기도 했다. 이를 19장 '좌파적인 세상은 가능한가 – 평등한 세상을 위한 해법'에서 확인할 수 있다.

삼부회에 소집된 사람들은 이 경제문제를 어떻게 풀 것인가를 두고 둘로 나뉘었다. 이로 보건대, 좌우의 문제는 단순한 이념 논쟁이 아니라 경제적 생존권과 직결된 문제였음을 알 수 있다. 이러한 필연성은 산업혁명을 거치며 좌우의 갈등으로 폭발했다.

산업혁명이 불러온 새로운 좌우

프랑스혁명 이후 유럽은 곧 산업혁명의 파고에 휩싸였다. 증기기관과 기계가 인간의 노동을 대체하면서 사람들의 삶은 이전과 전혀 다른 궤도로 들어섰다. 하지만 새로운 기술 문명이 가져온 것은 풍요만이 아니었다. 자본가와 노동자라는 두 계급의 격차는 눈덩이처럼

불어났다. 이때 좌우의 구분은 다시 의미를 얻었다. 좌파는 노동자의 편에 섰다. '국가는 민중을 보호하기 위해 개입해야 한다. 사회는 평등해야 한다'라는 목소리가 커졌다. 반대로 우파는 자본가와 함께 '시장은 스스로 조정한다. 국가는 방해하지 말라'라고 주장했다.

이 구도는 단순한 경제 논쟁을 넘어 사회 전체의 질서를 규정하는 기준이 되었다. 한쪽은 변화와 개혁, 다른 한쪽은 전통과 질서를 내세우며 충돌했다. 여기서 좌우의 색깔은 더욱 뚜렷해졌고, 단순히 '왕을 지킬 것인가, 민중을 지킬 것인가'라는 정치적 선택을 넘어 산업사회 전체의 운영 원리를 가르는 이념적 대립으로 확장된 것이다.

좌우가 자본주의를 만나면 생기는 일

좌우의 구분이 단순한 자리 배치에서 사회적 이념으로 발전하게 된 가장 중요한 계기는 바로 자본주의의 등장이었다. 자본주의는 산업혁명과 함께 전례 없는 부를 창출했지만, 동시에 계급 간 격차를 극단적으로 벌려놓았다.

이때 좌우는 자본주의를 어떻게 해석할 것인가를 두고 첨예하게 갈라졌다. 좌파는 자본주의를 불평등을 구조화하는 체제로 보았다. 노동자가 기계처럼 소모되는 현실, 아동이 공장에서 하루 12시간 넘게 일하는 현실 그리고 극소수의 자본가가 모든 부를 독점하는 현실을 단순한 일시적 부작용이 아니라 자본주의의 본질로 보았다. 따라서 좌파에게 자본주의는 반드시 개혁되거나 극복되어야 할 체제였다. 우파는 자본주의를 인간의 자유와 창의성을 발현하는 가장 효율적인 시스템으로 보았다. 각 개인이 자신의 이익을 추구하는 과정에서 사회 전체가 풍요로워진다는 믿음이 있었고, 불평등이 생겨나는 것은 자연스러운 결과이며 그건 어쩔 수 없는 일이라고 여겼다. 자본주의를 방해하는 국가 개입이나 규제는 오히려 더 큰 해악이라고 생각했다. 이처럼 자본주의는 좌우를 가르는 리트머스 시험지였다. 자본주의를 '고쳐야 할 것'으로 보느냐 '지켜야 할 것'으로 보느냐에 따라 정치적 진영이 정립된 것이다. 이를 세계사적 사례로 살펴보면 다음과 같다.

1. 영국의 차티스트 운동: 1830~40년대 영국에서는 산업혁명의 그늘 속에서 고통받던 노동자들이 '인민헌장(People's Charter)'을 내걸고 보통선거권과 노동시간 단축을 요구했다. 이것이 바로 차티스트 운동이다. 노동자와 급진적 지식인들은 차티즘을 통해 '민주주의 없이는 자본주의의 불평등이 교정될 수 없다'라고 주장했다. 반면 보수적 정치인들과 산업 자본가들은 '노동자에게 선거권을 주면 사회가 무너진다'라며 강력히 반대했다. 여기서 좌파는 자본주의의 개혁을 요구했고, 우파는 자본주의의 기득권을 지키려 했다.

2. 독일 사회민주당(SPD)의 성장: 19세기 말 독일은 세계에서 가장 강력한 사회주의 정당, 독일 사회민주당(SPD)을 배출했다. SPD는 마르크스주의에 뿌리를 두고 노동자들의 권리와 사회적 평

등을 제도 정치 속으로 끌어들였다. SPD와 노동조합은 '자본주의는 통제되어야 한다'라는 입장에서 복지, 노동시간 제한, 사회보험 제도를 주장했다. 반대로 독일제국 정부와 보수 엘리트들은 SPD를 '국가의 적'으로 간주하며 탄압했다. 이 과정에서 좌우는 '자본주의를 통제할 것인가, 방치할 것인가'의 방향성과 구체적 정책들을 두고 날카롭게 맞섰다.

3. 미국의 뉴딜 논쟁: 1930년대 대공황 속에서 루스벨트 대통령은 대규모 공공사업과 사회보장 제도를 포함한 뉴딜 정책을 추진했다. 좌파와 진보 세력은 이를 환영하며 '자본주의를 구하려면 국가가 개입해 불평등을 완화해야 한다'라고 주장했다. 우파와 보수 세력은 '뉴딜은 사회주의다. 개인의 자유와 시장의 자율을 파괴한다'라며 격렬히 반대했다. 결국 미국 내에서도 좌파는 자본주의의 수정을, 우파는 자본주의의 순수한 유지를 선택하면서 좌우 대립은 더욱 뚜렷해졌다.

이후 세계사는 곧 좌우가 자본주의를 두고 벌인 장기전의 무대가 되었다. 사회주의 운동, 복지국가의 등장, 신자유주의의 반격까지 모두 자본주의를 어떻게 바라보고 다룰 것인가의 문제였다고 해도 과언이 아니다. 사실 지금 시대의 좌우는 '자본주의를 어떻게 보느냐'라는 태도의 차이라고 할 수 있다. 좌우가 자본주의를 만나면서 좌우의 선택은 이념이 아니라 삶의 조건이 되었다.

철학자들의 목소리 - 스미스와 마르크스

좌우의 대립을 이론적으로 뒷받침한 두 거장이 있다. 한 명은 애덤 스미스, 또 한 명은 칼 마르크스다.

애덤 스미스는 《국부론》에서 '보이지 않는 손'을 강조했다. 개인이 자신의 이익을 추구하면 결국 사회 전체의 번영으로 이어진다는 것이다. 이는 시장을 신뢰하고 국가의 간섭을 최소화하자는 논리였고, 우파의 전형적인 논거로 자리 잡았다. 반면 마르크스는 《자본론》에서 자본주의의 모순을 날카롭게 비판했다. 그는 자본가가 노동자의 잉여가치를 착취하는 구조를 폭로하며, 결국 노동자의 해방 없이는 사회 전체가 자유로울 수 없다고 역설했다. 그의 사상은 좌파의 이념적 기둥이 되었고, 이후 사회주의·공산주의 운동의 사상적 토대가 되었다. 이처럼 좌우의 대립은 정치적 견해 차이에 그치지 않고 경제학과 철학의 차이로 그 의미가 확산되면서 사회 전반에 스며들었다.

대공황과 복지국가의 탄생

1929년 미국 월가에서 시작된 대공황은 세계 자본주의를 송두리째 흔들었다. 수많은 은행과 기업이 파산했고, 길거리는 실업자들로 가득 찼다. 시장의 '보이지 않는 손'은 아무런 힘도 발휘하지 못했다.

이 위기 속에서 좌파적 해법이 다시 힘을 얻는다. 케인즈는 '국가는 방관자가 아니다. 정부가 적극적으로 돈을 풀고, 일자리를 만들어야 한다'라고 주장했다. 미국의 루스벨트 대통령은 뉴딜 정책을 추진했고, 유럽 곳곳에서 사회민주주의 정권이 들어섰다. 복지국가라는 체제가 탄생한 것은 이 시기였다. 이때부터 좌파는 '국가가 사회적 안전망을 책임져야 한다'라는 명분을 쥐었고, 우파는 여전히 '시장의 자유'를 옹호하며 대립했다. 좌우는 단지 사상적 구분이 아니라 삶과 죽음을 가르는 정책 선택으로 현실 속에 뿌리내리게 된 것이다.

신자유주의의 역공

그러나 역사는 늘 흔들린다. 1980년대 들어 영국의 대처와 미국의 레이건은 '정부는 문제이지 해결책이 아니다'라는 기치를 내걸었다. 이른바 신자유주의 물결이었다. 규제를 풀고, 공기업을 민영화하며, 시장의 자율을 최우선으로 하는 정책이 쏟아졌다. 그 결과, 일부 경제 지표는 살아났지만, 동시에 사회적 불평등은 심화되었다. 노동자의 권리는 후퇴했고, 자본의 힘은 더욱 강력해졌다. 좌파는 방어에 몰렸고 사회민주주의 모델은 위축되었다. 좌우의 대립은 다시 경제 정책을 둘러싼 공방으로 돌아온 것처럼 보였다.

21세기의 새로운 좌우 - 미래를 둘러싼 싸움

21세기 들어 좌우의 경계는 더 복잡해졌다. 이제 논쟁은 단순히 '국가 대 시장'의 문제가 아니다. 기후위기, 젠더 갈등, 소수자 권리,

이주와 난민 문제, 안보와 전쟁 같은 새로운 의제가 전면에 등장했다. 예를 들어 미국의 민주당은 '그린 뉴딜'을 내세우며 기후위기 대응을 국가의 책무로 강조했다. 반면 공화당은 화석연료 산업을 지키며 성장과 안보를 내세웠다. 독일에서는 녹색당이 새로운 좌파의 상징으로 떠올랐고, 반대로 극우 정당들은 이민자 배척과 국가주의를 강화하며 세를 확장했다. 좌우의 대립은 이제 어떤 미래를 선택할 것인가라는 질문에 대한 답으로 나타난다. 복지, 평등, 지속가능성을 중시하는 쪽이 좌파이고 시장, 전통, 국가주의를 중시하는 쪽이 우파인 셈이다.

보수와 진보, 좌와 우 - 다른 렌즈

이 과정을 곱씹어 보면 보수와 진보, 좌와 우는 같은 듯 다르다. 보수와 진보는 역사를 바라보는 태도다. 과거의 전통을 지키려는 태도가 보수이고, 변화를 추구하는 태도가 진보다. 반면 좌우는 주로 경제와 제도 운용의 태도다. 시장을 우선할 것인가, 국가 개입을 강조할 것인가, 이 두 가지 질문이 좌우를 가른다. 즉, 보수와 진보는 시간의 흐름에 대한 태도, 좌우는 사회 운영 방식에 대한 태도라고 정리할 수 있다.

우연에서 필연으로

좌우의 기원이 '의장석의 어느 쪽에 앉았는가'라는 우연한 사건이었다는 사실은 우리에게 중요한 교훈을 준다. 정치적 언어와 이념의 경계는 처음부터 절대적이지 않았다. 그러나 사람들은 그 우연에 의미를 부여했고, 수백 년의 투쟁과 논쟁 속에서 그것을 삶의 질서를 가르는 기준으로 만들었다. 좌우는 이제 단순한 이름이 아니다. 그것은 인류가 더 나은 사회를 만들기 위해 싸워온 흔적이다. 그리고 오늘 우리가 좌우를 이야기하는 것은 단지 237년 전 프랑스혁명을 회상하는 것이 아니라 우리 사회의 경제와 인류의 생존문제를 어떻게 해결할 것인지 묻는 행위다.

3장

좌파가 소련공산당을 만나지 않았다면
_ 냉전시대는 좌파의 비운의 역사

역사는 '그랬더라면'이라는 가정을 필요로 하지 않는다. 그런 전제는 어디까지나 우리의 상상 속에서만 존재한다. 그럼에도 불구하고, 좌파와 소련공산당의 만남이 이루어지지 않았다면 어땠을까 하는 아쉬움은 나만 느끼는 것이 아닐 것이다. 이 만남은 좌파 역사에 어두운 그림자를 드리웠고, 좌파는 소련공산당과의 연계로 인해 해결해야 할 숙제와 남겨진 잔재를 떠안게 되었다. 이 장에서는 그렇게 굴곡진 좌파의 역사와 정면으로 마주하고자 한다.

좌파의 역사는 단순히 국내 정치와 분리해서 이해할 수 없다. 좌파는 산업혁명 이후 유럽에서 등장한 노동자 운동과 사회주의 사상 그리고 20세기 소련의 공산주의 혁명을 거치면서 세계사적 흐름 속에서 자리 잡았다. 이러한 국제적 맥락은 각국 좌파의 형성과 변화를 결정적으로 규정했으며, 한국을 포함한 세계 각국의 정치적 좌우 구도에도 깊은 영향을 미쳤다. 좌파는 단순히 '정치적 진영'이나 '이념 집단' 이상의 의미를 가지며, 사회적 불평등과 권력 구조, 인간 삶의 질과 직결되는 운동이 되었다.

좌파의 국제적 기원: 사회주의와 노동운동

좌파 사상의 뿌리는 19세기 유럽의 사회주의와 노동운동에서 찾을 수 있다. 산업혁명은 경제적 번영을 가져왔지만, 노동자와 농민의 삶은 극도로 열악했다. 도시화와 공장 노동의 확산은 새로운 사회 문제를 낳았고, 좌파는 이를 해결하려는 정치적·경제적 프로젝트로 등장했다. 다음은 이 시기 좌파의 세 가지 주요 흐름이다.

1. 마르크스와 엥겔스는 《공산당 선언》(1848)에서 계급투쟁과 노동자 해방을 주장하며 사회 구조 변혁을 좌파의 핵심 목표로 제시했다.

2. 프랑스의 1848년 혁명은 부르주아 민주주의와 노동자 사회주의가 충돌하며 초기 좌파 정치의 현실적 한계와 가능성을 동시에 보여주었다.

3. 1875년 창당한 독일 사회민주당(SPD)은 제도적 정치 참여를 통해 노동자 권리 보장과 사회 개혁을 모색하며, 좌파가 단순 혁명 집단이 아니라 정치적 조직으로 자리 잡게 했다.

이 시기에 좌파는 단순한 이상적 구호가 아니라, 노동자와 사회적 약자의 삶을 구조적으로 개선하려는 구체적 실천이자 정치적·경제적 프로젝트로 인식되었다. 즉, 좌파는 '권력 투쟁'을 넘어 '사회 구조의 변화'를 목표로 삼았다. 이 시기에 좌파는 시민, 더 정확히 표현하면 산업혁명으로 인해 소외된 약자들과 함께 아파했다. 약자들이 처한 어려움에 공감할 뿐만 아니라 제도적 개혁을 추구했다. 지금

와서 보면 진정한 '좌파의 행보'라고 말할 수 있다.

러시아혁명은 좌파를 어둠으로 인도한 입구였다

1917년 러시아혁명은 좌파 역사에서 결정적 사건이었다. 볼셰비키가 주도한 혁명은 제정 러시아를 무너뜨리고 세계 최초의 공산주의 국가인 소련을 탄생시켰다. 이후 전 세계 좌파는 소련을 이상적 모델로 삼고, 국제 공산주의 운동은 코민테른(1919~1943)을 중심으로 각국 좌파 세력과 전략적으로 연계되었다. 혁명 이후 좌파는 단순한 국내 정치 집단을 넘어 국제적 연대와 이상을 추구하는 집단으로 자리매김했다. 이로써 세계 좌파 역사에서 중요한 축을 마련했다. 국제 공산주의 운동은 소련의 지도를 받으며 세계 각국 좌파 활동과 혁명적 실천이 조직화되었다.

하지만 냉전시대가 형성되고 강화되면서 좌파 운동은 다른 방향으로 흘러갔다. 서방 자본주의 국가에서는 소련 공산주의와 연계된 좌파 운동을 국가 안보 위협으로 간주하며 좌파 억압을 강화했다. 소련 공산주의는 좌파 운동에 강력한 국제적 이미지를 부여했지만, 동시에 냉전시대에는 '위협적 존재'로 간주되어 좌파가 정치 · 사회적으로 탄압받는 근거가 되었다. 이렇게 좌파는 혁명과 이상이라는 긍정적 이미지와 공산주의 위협이라는 부정적 이미지가 동시에 뒤얽힌 존재로 자리 잡았다.

냉전시대는 '좌파 = 소련 공산주의' 등식을 고정시켰다

2차 세계대전 이후 시작된 냉전은 좌파의 국제적 이미지와 역할을 다시 한번 규정했다. 미국과 서유럽에서는 좌파, 특히 공산주의 성향 좌파를 '소련의 앞잡이'로 낙인찍으며 정치적 경쟁자이자 내부의 잠재적인 적으로 간주했다. 한국과 일본에선 해방 직후 좌파 세력을 곧바로 '반국가 · 반체제 세력'으로 낙인찍었다. 이탈리아와 프랑스에선 강력한 공산당이 의회와 노동조합을 장악했지만, 냉전 영향으로 정치 참여는 제한적이었다. 미국에서도 좌파를 소련공산당과 동일시하여 사회 전반에서 억압하였다.

세계적으로는 냉전은 좌파의 다양성을 지워버리고, 좌파를 단 하나의 얼굴 - 소련 공산주의 - 로 고정시켰다. 이 시대부터 좌파를 사회적으로 금기시했고, 좌파 억압이 정당화되었다. 이 시기 좌파는 단순한 정치적 진영이 아니라 국제적 이념 투쟁의 상징으로 기능했다. 세계 각국에서 좌파적 논의는 공산주의 위협이라는 냉전적 프리즘을 통해 재단되었고, 자유로운 사회적 논의나 개혁 요구는 억압당했다.

미국도 좌파를 공산당이라고 박해했다

우리나라와 혈맹이라는 미국 사회에서도 '좌파 탄압'의 역사는 행해졌다. 이 역사를 1910년대 후반과 1940~50년대, 두 차례에 걸쳐 나타났던 '레드 스케어(Red Scare)'로 요약할 수 있다.

1차 레드 스케어(1919~1920년대) 시대엔 1차 세계대전 후 러시아혁명과 노동운동 확산을 계기로 미국 정부와 기업, 사회는 급진적 사회주의 · 공산주의를 위협으로 간주했다. 노동조합 활동가, 사회주의자, 이민자들이 체포 · 추방되거나 공직 · 고용에서 배제되었다. 포틀랜드, 시카고 등 주요 도시에서 사회주의 단체가 해산되고, 활동가들이 체포되었다.

2차 레드 스케어(1947~1957년경) 시대는 더 엄격했다. 2차 세계대전 후 냉전시대에 소련과 미국 간 긴장 속에서 공산주의자와 좌파 운동은 곧 '내부 적'으로 규정되었다. 하원비미(非美)활동위원회(House Un-American Activities Committee, HUAC)와 FBI가 좌파 활동을 감시하며 좌파 탄압을 주도했다. 좌파 블랙리스트를 작성하여 해당되는 사람들의 취업을 제한했다. 공산당 또는 좌파에 연루된 것이 의심되기만 해도 정부, 교육, 언론, 영화, 출판 등 공공 · 민간 분야에서 배제되었다. 뿐만 아니라 연루된 인사의 가족도 사회적 고립과 낙인의 대상이 되었다.

교육계에선 교수, 교사들이 좌파적 발언이나 활동 때문에 해임 또는 강제 퇴직을 당했다. 노동계에선 노동조합 활동가를 공산주의 혐의로 체포하고 탄압했다. 노조 자체가 억압을 당했다. 정치계에선 좌파적 정치 집단이나 정당은 사실상 활동을 금지했다. 영화 · 출판 · 신문 · 방송 등 문화계와 언론계에서도 좌파 관련 콘텐츠는 검열을 당했다.

영화계에선 박해가 더욱 심각했다. 1947년, HUAC는 할리우드 영화 산업에 대한 조사를 시작했다. 이들은 영화 제작자들에게 공산당과의 연루 여부를 묻고, 협조하지 않는 이들을 블랙리스트에 올려 작품 활동을 금지했다. 이로 인해 수많은 예술가가 경력과 생계를 위협받았다. 특히 '할리우드 10(Hollywood Ten)'이라 불리는 10명의 작가와 감독들은 공산당과의 연루 여부를 묻는 HUAC의 질문에 응답하지 않겠다고 선언하며 의회모독죄로 기소되어 수감되었고, 이후 블랙리스트에 올라 영화 산업에서 배제되었다.

미국 '좌파 몸살'을 더 자세하게 다룬 이유

이처럼 미국의 '좌파 억압 역사'를 자세히 다루는 이유는 분명하다. 많은 대한민국 우파들이 미국을 이상적인 민주주의 국가로 동경하며 그 사회를 모범 사례로 삼고자 한다. 그러나 미국 사회 역시 우리와 마찬가지로 '좌파 몸살'을 앓아온 긴 역사가 있다. 단지 이 사실이 한국에서는 잘 알려지지 않았을 뿐이다. 앞선 사례들은 좌파 탄압이 한국 사회만의 독특한 현상이 아님을 분명히 보여준다. 즉, 한국에서 '종북 빨갱이'라는 프레임으로 좌파를 몰아붙이는 현상은 결코 특수한 현상이 아니다. 미국에서도, 심지어 전 세계적으로도 비슷한 양상이 반복되어 왔다. 좌파를 표방하는 것이 곧 '국가의 적'이나 '체제 전복자'로 몰릴 위험을 감수해야 한다는 점은 보편적인 경험이다.

이 사실을 이해하는 것은 단순히 국제적 사례를 아는 차원을 넘어,

한국 좌파 당사자들에게도 일종의 위안이 된다. 유독 한국 사회에서 우파가 좌파를 억압한다고 느낄 수 있지만, 실제로는 세계사적 맥락 속에서 반복되어 온 현상이라는 점에서, 한국만 특별히 극단적인 것은 아니라는 인식을 제공한다. 따라서 우리는 좌파를 바라볼 때 좁은 국내 문제의 틀에서 벗어나, 보다 넓은 역사적·국제적 맥락에서 이해할 필요가 있다. 한국 사회가 보다 건강한 좌우 균형을 회복하고 좌파를 정직하게 이해하기 위해서는 이러한 국제적 경험과 비교·인식이 필요하다. 나는 세계의 좌파 탄압 역사를 보면서, 한국 좌파가 왜 그렇게 움츠리고 있었는지를 이해하게 되었다. 그것은 패배가 아니라 세계사적 고립의 결과였다.

좌파는 계속 진화해 가고 있다

그러나 좌파는 냉전 동안에도 고정된 모습으로 있지 않았다. 20세기 후반, 소련 공산주의의 실패와 국제적 경제·사회 변화 속에서 좌파는 다양한 형태로 진화했다. 북유럽 국가의 사회민주주의는 민주적 제도를 기반으로 복지국가를 구축, 좌파의 실용적 모델을 제시했다. 미국과 유럽의 신좌파(New Left, 1960~70년대)는 기존 공산주의적 권위주의에 반발하며 인권·여성·환경·반전 운동을 강조했다. 중남미 좌파 운동은 쿠바혁명(1959) 이후 게릴라 좌파와 민중운동으로 확산되었다. 이 과정에서 좌파는 단일한 공산주의 집단에 머물지 않고 사회적 요구와 문화적 실천을 포괄하는 정치세력으로 확대되었다. ‘공산주의 = 좌파’라는 냉전적이고 단일한 이미지를 넘어 다양한 정치·사회적 요구를 반영하는 유연한 존재로 변화하기 시작했다.

한국의 좌파가 나아가야 할 길은?

오늘날 세계 좌파는 소련 공산주의의 유산과 냉전적 경험을 넘어 민주적 제도, 인권, 사회적 평등을 아우르는 복합적 정체성을 갖게 되었다. 동시에 ‘좌파 = 위협’이라는 냉전적 인식은 일부 사회에서 여전히 편견과 긴장의 근거로 작용한다. 한국 사회에서도 마찬가지다. 해방 이후 좌파는 토지개혁, 노동자 권리, 친일파 청산 등 사회적 개혁을 요구했지만, 냉전적 인식과 군사정권의 억압으로 철저히 배제되었다. 1980년대 민주화 운동을 통해 좌파적 가치가 서서히 재등장했지만, 여전히 ‘숨죽인 존재’로 사회 속에 자리했다. 오늘날 좌파의 과제는 세 가지로서 명확하다.

1. 냉전적 이미지를 극복해야 한다. 공산주의와 단순히 동일시되는 편견을 넘어서는 논의가 필요하다.

2. 사회적인 신뢰를 회복해야 한다. 민주적 제도와 사회적 평등을 기반으로 정책과 운동을 하는 사람들로 자리매김해야 한다.

3. 포괄적 민주주의를 구현해야 한다. 단순히 좌파의 권력 쟁취를 목적으로 하지 않고, 이를 통해 사회 구조와 삶의 질을 개선하는 것을 목적으로 해야 한다.

　좌파를 이해하는 것은 단순한 정치 논쟁이 아니라 사회적 불평등을 바로잡고 민주적 건강성을 회복하는 필수 과정이다. 한국 좌파 역시 세계사적 흐름 속에서 형성, 억압, 변형 그리고 부활의 길을 걸으며 오늘날까지 이어지고 있다.

4장

우리나라 좌우의 태동
_좌우의 생존경쟁 역사

세계사적 냉전 구조는 한국이라는 공간에 도착하면서 훨씬 더 폭력적이고 잔혹한 방식으로 현실화되었다. 한국의 좌우는 이념 이전에 살아남기 위한 경쟁 속에서 갈라졌다. 우리 사회의 좌우는 도덕이나 철학 이전에 살고 죽는 문제였다.

좌우의 핵심 키워드, '식민지 경험'과 '분단'

대한민국의 좌우를 논하려면 '식민지 경험'과 '분단'을 빼놓고 말할 수 없다. 이 둘은 한국 사회의 좌우를 논하는 핵심 키워드인 것이다. 이 두 가지는 좌우 모두에게 지울 수 없는 상처를 남겼으며, 그 상처는 오늘날까지 한국 사회의 갈등과 편견을 규정하고 있다. 단순한 이념적 논쟁이 아니라 인간의 삶과 생존, 사회 구조를 근본적으로 바꾸려는 힘의 대결이 역사 속에서 드러난 것이다. 두 핵심 키워드를 중심으로 대한민국 좌우의 역사를 살펴보는 것은 중요한 의미가 있다.

식민지 시대, 좌우의 씨앗이 뿌려지다

1910년, 일본 제국주의에 의해 국권을 빼앗긴 조선. 민족의 생존 자체가 위협받는 상황 속에서 다양한 저항 운동이 생겨났다. 학교와 교회, 지역사회를 중심으로 비밀결사와 항일 운동이 조직되었고, 이 과정에서 좌우의 뿌리가 각각 자라기 시작했다.

좌파는 '민족해방'과 '사회변혁'을 동시에 주장했다. 3.1운동 (1919) 이후 좌파 계열은 본격적으로 조직화되기 시작했다. 특히 조선공산당(1925년 창당)은 식민지 조선의 민족 독립과 사회주의를 동시에 목표로 삼았다. 이들은 노동자·농민의 권익 보호와 지주제 철폐, 경제적 평등을 강조했다. 실제로 1920~30년대 농민운동과 노동운동에서 좌파적 요구가 두드러졌다. 좌파적 운동의 사례는 다음과 같다.

1. 보천·함흥 농민항쟁: 지주에게서 토지를 돌려받기 위해 농민들이 조직적 항쟁을 벌였다.

2. 경성 지역 노동조합 설립 운동: 공장 노동자들이 임금 인상과 근로조건 개선을 요구하며 조직적 투쟁을 전개했다.

3. 전남 지역 금속·섬유 노동자 파업: 공업화 초기 노동자들이 집단 파업을 통해 노동권을 요구했다.

4. 함경도·황해도 농민위원회 활동: 지역 단위에서 토지 재분배와 협동조합 조직을 추진했다.

이러한 사례들은 단순히 생존권을 지키는 수준을 넘어 사회 구조 자체를 바꾸려는 정치적 요구를 포함하고 있었다. 농민과 노동자들의 요구는 단순한 경제적 불만을 토로하는 것에 그치지 않고 토지 소유와 자치, 노동권과 정치적 참여를 포함하는 폭넓은 사회 개혁 운동으로 발전했다.

반면 우파는 '민족주의'와 '독립과 국가 재건'에 방점을 두었다. 대한민국임시정부(1919년 수립)는 자유주의적·자본주의적 관점을 바탕으로 민족 독립과 국제 외교를 우선했다. 상하이 임시정부(임정)는 군사·외교·정치적 기반 확보를 최우선으로 삼았으며, 사회주의적 개혁보다 국가적 생존과 국제적 정당성을 중시했다. 실제로 임시정부는 외교를 통한 국제 승인 확보와 무장독립군 조직을 중점적으로 추진했다. 1920년대 이후 상하이와 연해주, 만주 등지에서 조직된 독립군은 민족국가 수립과 외교적 승인을 위해 활동했다. 그러한 가운데 토지개혁이나 노동자 권리 보장은 후순위로 밀렸고, 사회 구조의 근본적 변혁보다는 민족적 생존과 조직적 기반 확보가 목표였다.

결국 좌파와 우파는 독립이라는 공통 목표를 공유했지만, 방법과 전략, 사회 구조 개혁 여부에서 큰 차이를 보였다. 좌파는 근본적 사회변혁을, 우파는 국가 재건과 외교적 안정성을 우선했다.

해방 이후, 좌우의 격돌

1945년, 일제의 패망과 함께 찾아온 해방은 축복이자 새로운 불행의 시작이었다. 한반도는 미군정과 소련군정으로 분할되었고, 좌우는 급속히 대립하게 되었다.

좌파는 사회주의적 개혁을 추진하고자 했다. 토지개혁, 친일파 청산, 노동자와 농민의 권익 향상 등 구체적 과제를 앞세웠다. 남한 내 좌파 활동가들은 토지개혁을 통해 지주제 폐지를 주장했고, 노동권 보장을 위해 노동조합 조직을 시도했다. 평남·함남의 농민위원회 는 토지를 점유하여 지주제 철폐와 토지 재분배를 실천했다. 서울·부산 노동자들은 근로조건 개선과 임금 인상을 요구하며 총파업을 주도했다. 전남·경북·강원 지역 농민들은 '지역 단위 토지 재분배' 를 요구하며 노동협동조합을 조직하려고 시도했다. 좌파가 추구한 개혁은 단순한 권력 쟁취를 넘어 사회적 불평등 해소와 민주주의 실 현을 목표로 했다. 농민들은 마을 단위 자치와 농민회 조직을 통해 권리를 주장했고, 노동자들은 공장 내 근로조건 개선과 임금 보장을 요구하며 파업을 벌였다. 이러한 움직임이 우파 세력과 충돌하며 사 회적 긴장을 만들었다.

반면 우파는 '반공'을 기치로 내세워 자본주의 국가 건설을 추진 했다. 일부 친일 세력까지 포섭하며 사회적 안정과 질서를 우선했다. 우파의 목표는 국가 재건과 외세 대응이었고, 좌파의 사회구조 변 혁 요구는 위협으로 간주했다. 우파는 이를 '국가 생존을 위한 불가 피한 선택'이라고 주장했다. 여수·순천 사건(1948.10.19.)은 '군 내 부 좌익 세력 진압'을 목표로 했으나 결국 '민간인 희생'이라는 아픔 만 남겼다. 서울·경기 지역에서는 노동운동·농민운동 참여자까지 '불순분자'로 낙인찍어 체포하였다.

이때부터 좌파는 반공 이데올로기의 적이 되었고, 우파는 국가 재건의 주류 세력이 되었다. 좌우의 싸움은 단순한 정치적 견해 차이를 넘어 생존을 건 싸움으로 비화되었다.

한국전쟁과 좌파 몰살의 시대

1950년, 한국전쟁이 발발하면서 좌우 대립은 피비린내 나는 전쟁으로 변했다. 전쟁은 남북의 분쟁을 넘어 이념의 전쟁이었다. 전쟁 중 좌파는 '국가의 적'으로 규정되었고, 좌파 지식인, 활동가, 노동자, 농민 등이 대규모로 숙청되었다. 남아 있던 좌파는 지하로 숨어 활동해야 했고, 좌파라는 단어 자체가 공포의 상징이 되었다. 좌파 숙청의 극단적 사례는 다음과 같다.

1. 제주 4.3항쟁(1948~1954): 좌익 계열과 민간인을 대상으로 대규모 진압과 학살, 마을 단위 주민 희생
2. 서울 · 경기 지역 좌익 활동가 체포: 노동운동 · 농민운동 참여자까지 '불순분자'로 규정
3. 강원 · 경북 지역 농민 항쟁 탄압: 토지 분배 요구와 협동조합 시도 또한 좌파적 실천으로 간주

대한민국은 우파 일변도의 사회로 재편되었다

전쟁 이후 대한민국은 반공을 국시로 삼았다. 우파는 군사정권(이승만, 박정희, 전두환)을 통해 권력을 장악했고, 좌파는 철저히 배제되었다. 좌우의 균형이 무너진 한국 사회는 오로지 우파적 가치(성장,

질서, 반공)에 의해 재편되었다. 자유, 평등, 인권과 같은 좌파적 가치는 탄압받거나 변질되었다. 우파적 가치는 권력의 중심에서 대한민국 사회를 다음과 같이 주도해 나갔다.

1. 경제 성장 중심 정책: 1960~70년대 산업화 과정에서 정부는 자본 집중과 대기업 육성을 통한 국가 발전 전략을 채택했다. 울산·구미·평택 등 공업지역 노동자 파업은 강제 해산과 체포로 이어졌다. 농촌의 토지개혁 요구와 사회 개혁 시도도 전남·경북·강원 지역에서 좌파적 실천으로 간주되어 억압되었다.

2. 강력한 반공 이데올로기: 학교, 언론, 교회 등 사회 전반에서 반공 교육이 시행되며, 좌파적 사고나 토론은 배제되었다. 공무원·교사·학생은 반공 서약과 검열을 받았으며, 좌파적 행동은 국가보안법 적용 대상이었다. 심지어 지역사회의 노동조합 활동과 농민회 조직도 반공 명목으로 제재를 받았다.

3. 군사·정치 권력 집중: 이승만·박정희·전두환 정권하에서 군사·정보기관은 정치적 통제를 강화했다. 민주적 요구는 탄압받았고, 의회와 사법부는 제한적 기능만 수행하며 우파적 가치 유지에 봉사했다. 국가와 군부 중심의 권력 구조가 사회 전반을 장악하며, 좌파의 정치·사회적 활동은 사실상 불가능했다.

좌파는 살아남기 위해 스스로를 '진보'라 불렀다

1980년대 민주화 운동을 통해 좌파의 가치가 다시 조금씩 고개를 들기 시작했다. 민주화 운동은 단순한 정치적 민주주의의 회복뿐만 아니라 사회적 평등과 인권 신장을 함께 요구했다. 노동자와 농민, 학생과 시민은 경제적 불평등과 사회 구조적 모순에 대해 목소리를 냈고, 그 속에서 좌파적 가치가 다시 사회적 담론으로 부상했다.

5.18광주민주화운동(1980)은 군부 권력에 맞선 시민들의 저항과 노동자·학생·농민 연대 운동이었다. 이 운동은 1987년 6월항쟁으로 이어져 꽃을 피웠다. 노동운동은 전태일 분신 사건(1970) 이후 억압받던 노동권 요구가 민주화 운동을 계기로 공론화되었다. 개발독재 정책으로 피해를 본 농촌 주민들의 권리를 회복하는 운동도 이어졌다.

하지만 여전히 좌파를 표방하는 것은 곧 '국가 반역자'로 몰릴 위험을 감수하는 일이었다. 실제로 1980년대 군사정권 하에서는 민주화 운동에 참여한 활동가들조차 좌파적 색채가 있다는 이유로 감시와 탄압을 받았다. 그래서 좌파는 끊임없이 자신을 스스로 숨기거나 '진보'라는 이름으로 포장해야 했다. 노동자 권익, 사회적 평등, 지역 주민 권리 같은 좌파적 요구도 '민주화'라는 포괄적 프레임 속에서만 안전하게 표현될 수 있었다. 이러한 숨죽인 활동은 이후 1990년대 이후 정당·시민사회 운동으로 점차 제도권 안에서 정식화되기 시작했다.

왜 다시 좌우를 이야기해야 하는가

오늘날 대한민국은 더 이상 전쟁 중이 아니다. 그러나 여전히 좌파에 대한 뿌리 깊은 편견과 오해가 사회를 지배하고 있다. 언론과 정치 담론에서는 좌파적 목소리가 종종 불온하게 취급된다. 노동운동, 사회운동, 교육·문화 영역에서의 좌파적 요구는 여전히 '극단적' 또는 '불순'으로 규정되곤 한다. 좌파를 말하는 것은 여전히 용기가 필요한 일이다. 그러나 바로 그렇기 때문에 우리는 다시 좌우를 정직하게 이야기해야 한다. 좌우를 숨기거나 왜곡하는 사회에서는 진정한 민주주의와 사회적 균형을 기대할 수 없기 때문이다.

좌우의 균형을 회복하지 못하면 사회는 결국 기울어진 운동장에서 소수 강자만을 위한 시스템으로 전락할 수밖에 없다. 그런 사회는 '경제·정치 권력 집중, 사회적 약자 배제, 공정성과 정의의 후퇴'라는 악순환의 고리를 끊지 못한다. 따라서 좌파를 바로 이해하는 것은 단순히 특정 정치세력의 이익을 옹호하는 것이 아니다. 그것은 대한민국이 더 건강하고 공정한 사회로 나아가기 위한 필수적인 과정이다. 좌우의 균형과 상호 이해 없이는 사회적 정의와 지속 가능한 발전을 기대하기 어렵다.

5장

이승만과 김구, 좌우의 길목에서
_김구가 대통령이 되었더라면

2025년 8월 15일 광복절 기념행사에서는 AI를 활용한 신기술 덕분에 여러 가지 신선한 퍼포먼스가 이루어졌다. SK텔레콤은 AI 기술로 독립운동가 80인이 애국가를 합창하는 다큐멘터리 콘텐츠를 제작하여 공개했다. 그런가 하면 광복 1주년 기념식에서 울려 퍼진 김구의 실제 목소리가 복원되어 다음과 같이 공개되었다.

"오늘은 우리 전 민족이 세계무대로 발을 들여놓는 그런 시기를 맞이했습니다. 세계 각 민족과 각 나라하고 우리와의 결사하는 관계가 맺어질 것입니다." - 김구, 1946년 8월 15일 광복 1주년 기념식에서

이 목소리는 당시 서울중앙청 앞에 모인 수만 명의 시민이 들었다. 마지막 순간에 시민과 함께 외친 "대한독립 만세!"는 천지를 뒤흔들었다. 이 장면을 보니 후손으로서 울컥하지 않을 수 없었다. 이 자리에는 이승만도 함께했었다. 우리나라 광복 역사를 논하면서 김구와 이승만을 빼고 이야기할 수 있을까. 또한 우리나라 좌우의 역사에서도 김구와 이승만을 빼놓을 수 없다. 그들이 남긴 족적은 후손들에게 큰 영향을 미쳤다. 나는 이 책에서 이 두 사람을 꼭 다루고 싶었다.

해방의 순간, 두 길이 갈리다

1945년 8월 15일, 조선은 마침내 일제로부터 해방되었다. 그러나 해방은 완전한 자유와 독립을 의미하지 않았다. 미군과 소련군이 38선을 경계로 들어오면서 한반도는 곧바로 냉전의 한복판에 서게 되었다. 이 상황에서 민족의 지도자로 주목받은 인물이 두 명 있었다. 하나는 미국과 긴밀한 관계를 맺어온 망명 정치가 이승만, 또 하나는 상하이 임시정부를 이끌며 독립운동의 상징으로 자리 잡은 김구였다.

이승만은 현실주의자였다. 그는 해방 이후의 국제정세를 빠르게 읽어내고 '미국의 지원 없이는 새로운 나라를 세울 수 없다'라는 확고한 판단을 내렸다. 그 판단은 그의 개인적 삶에서 비롯되었다. 20대 시절 그는 조선인 최초로 미국에 건너가 조지워싱턴대, 하버드대, 프린스턴대에서 공부했다. 미국식 민주주의와 기독교적 세계관을 흡수한 그는 평생을 통해 '미국은 조선을 근대화시켜 줄 유일한 힘'이라 믿게 된다.

김구는 이상주의자이자 민족주의자였다. 그는 젊은 시절 의열단 활동과 독립운동으로 감옥에 갇히기도 했고, 상하이에서 임시정부를 재건하며 주석으로 활동했다. 수많은 독립운동가의 정신적 구심점이자 일제에 맞선 투쟁의 상징이었다. 그의 삶은 철저히 민족 자주와 독립의 길과 맞닿아 있었기에 해방 후에도 외세 의존보다 '우리 민족의 힘'을 강조할 수밖에 없었다.

두 사람이 해방의 순간, 선택한 길은 근본적으로 달랐다. 그 갈림 길은 곧 한국 현대사의 좌표가 되었다.

이승만의 길: 반공국가와 우파의 토대

이승만은 해방 후 곧바로 반공을 중심에 두었다. 그는 소련과 북한을 불신했으며, 공산주의가 한반도를 잠식하는 것을 막는 것을 최우선 과제로 삼았다. 이승만은 젊은 시절 독립협회 활동과 옥고 이후 미국 유학을 통해 '국제정치 속의 조선'을 보는 시각을 키웠다. 이후 미국 정계와 교류하며 '조선을 독립시킬 지도자'로 자리매김했다. 해방 직후 미군정은 그를 '미국을 잘 아는 유일한 한국인 지도자'로 평가했고, 덕분에 그는 정치적 영향력을 빠르게 넓혀갔다. 1948년 대한민국 정부가 수립될 때 그는 미국의 전폭적 지원을 등에 업고 초대 대통령이 되었다.

이승만 정부는 국가의 정체성을 반공에 두었다. '빨갱이 = 적'이라는 도식이 국가의 공식 이념이 되었고, 좌익 세력은 불법화되거나 강력히 탄압받았다. 이 과정에서 제주 4.3항쟁(1948~1954)과 같은 비극이 발생했다. 제주 주민들은 단독정부 수립 반대와 통일정부 수립을 요구하며 봉기했으나, 이승만 정부와 미군정은 이를 '공산 폭동'으로 규정해 대규모 진압 작전을 벌였다. 수많은 민간인이 희생되었다. 이승만은 체제 수호를 위해 강력한 권력을 행사했다. 대통령 중심제는 사실상 권위주의적 체제로 운영되었고, 선거조작과 언론탄압도 이어졌다. 그는 '국가의 생존과 권력의 유지를 위해서라면 수단과 방법을 가리지 않는다'라는 태도를 보였다. 그의 길은 분명히 한국을 냉전 구조 속에서 미국의 전초기지로 자리매김하게 했고, 남한의 자본주의 발전의 기반을 마련했다. 그러나 그 대가로 좌파에 대한 잔혹한 탄압과 분단 고착화라는 깊은 상처를 남겼다.

김구의 길: 민족통일과 좌파적 상상

김구는 해방 이후 '분단 없는 독립'을 최우선으로 여겼다. 그는 남한만의 단독정부 수립을 "민족을 두 쪽 내는 일"이라 규정하고 강하게 반대했다. 김구의 정치적 뿌리는 상하이 임시정부에 있었다. 임정은 1919년 3.1운동 이후 세워진 망명정부였고, 김구는 그곳에서 일제에 맞서 독립운동을 이끌며 민족 지도자로 성장했다. '백범'이라 불린 그의 삶은 독립운동 그 자체였다. 해방 이후 그는 미군정이 임정을 정통 정부로 인정하지 않고 새로운 체제를 만들려 하자 강한 반감을 가졌다.

1948년, 김구는 분단을 막기 위해 평양을 직접 방문했다. 그는 김일성과 회담을 갖고 '하나의 통일국가'를 세우자는 제안을 논의했다. 물론 이 협상은 구체적 성과를 내지 못했지만, 김구의 진심 어린 통일 의지를 보여주는 상징적 사건이었다. 김구는 권력 자체에는 큰 욕심이 없었다. 그는 "내 한 몸이 없어져도 조국이 하나가 된다면 그것이 진정한 독립"이라고 말하곤 했다. 그러나 미·소 대립 구도 속에서 그의 목소리는 힘을 얻지 못했다. 결국 1949년 안두희의 총탄에 생을 마감했다. 그 죽음은 민족 통일의 이상이 좌절된 순간이기도 했다. 김구의 길은 이념적 좌파라기보다 분단을 거부하고 민족 자주를 중시한 비냉전적 정치 노선이었다.

가정의 역사: 만일 김구가 대통령이 되었더라면

역사는 가정을 허락하지 않는다. 그러나 때때로 '만약'이라는 질문은 현재를 성찰하게 한다. 만일 1948년 김구가 대한민국 초대 대통령이 되었다면, 한민족은 어떤 길을 가게 되었을까? 이것은 나의 상상이다.

첫 번째, 아마도 분단 대신 중립국의 길을 선택했을 가능성도 있다. 김구가 남북협상에 성공해 통일정부를 세웠다면 한반도는 스위스나 오스트리아처럼 중립국의 길을 걸었을 가능성이 있다고 본다. 적어도 지금처럼 분단국가로 고착되지 않았으리라.

두 번째, 지금보다 좌우 공존의 가능성이 훨씬 높았을 것이다. 제주 4.3항쟁이나 여수·순천 사건 등의 민족적 비극이 일어나지 않았을 것이다. 좌파와 우파가 균형을 이룬 정치 구조가 가능했을 것이다.

세 번째, 경제 발전의 원동력과 형식이 달라졌을 것이다. 이승만 정부가 추진했던 미국 원조 기반의 경제발전 대신 자주적 경제를 택했으리라. 소위 '한강의 기적' 대신 보다 평등한 사회가 만들어졌을지도 모른다. 물론 자주적 경제가 지금처럼 눈부신 경제성장을 이뤄냈을 거라고 보장할 수는 없다. 물론 냉전이라는 국제질서 속에서 이는 실현되기 어려웠다. 그러나 이 가정은 우리가 현재의 대한민국을 다른 각도에서 바라보게 만든다.

이승만의 길과 김구의 길 – 좌우의 충돌

이승만과 김구의 갈림길은 곧 좌우의 충돌로 나타났다. 제주 4.3 항쟁(1948)은 좌우의 분열이 민간인 학살로 이어진 대표적 사례였다. 여수·순천 사건(1948)은 군인들이 제주 진압 명령을 거부하고 봉기한 사건이었다. 이 두 사건은 한국 사회에서 좌우의 갈등이 얼마나 치명적인 결과를 낳았는지 보여준다. 결국 1950년 한국전쟁이 발발하면서 분단은 완전히 고착화되었다. 결국 이승만의 길은 반공 이데올로기와 한미동맹을 강화했다. 또한 강력한 국가주의를 표방했다. 이승만의 길은 오늘날 한국 우파의 뿌리가 되었다.

반면 김구의 길은 민족 자주와 통일 그리고 도덕적 정치를 표방했다. 오늘날 좌파와 시민운동의 정신적 원류 가운데 하나로 평가받을 수 있다. 그렇다고 해서 김구를 곧바로 좌파라 규정할 수는 없다. 그는 어디까지나 민족의 자주독립과 통일된 한국을 위해 이승만 정부(우파적 성격의 정부)와 맞섰던 인물이다. 굳이 구분하자면, 임시정부

시절의 김구는 독립운동가로서 민족주의적이고 우파적 색채를 띠었지만, 해방 이후에는 분단을 반대하며 민족적 자주와 통일을 추구하는 '민족주의적 좌파'의 길을 걸었다고 볼 수 있다.

좌우의 갈림길에서 다시 묻다

해방의 순간, 이승만과 김구는 같은 민족 지도자였지만 서로 다른 길을 선택했다. 한 사람은 현실주의자로서 냉전의 흐름을 타고 권력을 잡았고, 다른 한 사람은 이상주의자로서 통일을 외치다 역사의 무대에서 퇴장했다. 오늘의 우리는 그 갈림길 위에서 다시 묻는다.

'만일 그때 김구의 길을 택했다면 우리는 어떤 나라에 살고 있을까?'

그리고 더 중요한 질문은 이것이다. 지금 흔들리고 있는 대한민국에서.

'지금의 대한민국은 앞으로 어느 길을 선택할 것인가?'

6장

좌파 알레르기의 역사
_ 한국 사회의 뿌리 깊은 좌파 혐오

초등학교 시절, 제일 기억에 남는 포스터 문구는 이랬다. 수도 없이 보고 들었던 내용이다.

"때려잡자 김일성, 쳐부수자 공산당"

지금 생각하면 아찔하지만, 그땐 어린 나에게 묘한 정의감을 심어 주었다. 김일성을 때려잡고 공산당을 쳐부수는 것이 애국하는 길이라고 각인되었다. 곰곰이 생각해 보면, 어린이가 누군가를 '때려잡는다'라는 발상 자체가 얼마나 폭력적인가. 이런 식의 '한국 사회의 고유(?) 풍토'는 차고 넘친다. 뒤에서 구체적인 사례로 만나보기로 하자.

'좌파'라는 단어 자체가 불편하고 공포스러운 사회

한국 사회에는 좌파에 대한 뿌리 깊은 거부감, 이른바 '좌파 알레르기'가 존재한다. 이는 단순한 정치적 반대 수준이 아니다. 좌파라는 이름이 주는 울림은 본능적이고 감각적인 혐오에 가깝다. 어떤 이들에게는 좌파라는 단어 자체가 불편함, 분노, 심지어는 공포를 불러일으킨다. 예컨대 2000년대 초반 한 국립대 교수는 수업에서 '사회주의의 장점'을 이야기했다는 이유만으로 학부모 민원과 언론의 공격을 받았다. 심지어 해당 교수의 발언이 국가보안법 위반인지 여부까지 조사되는 웃지 못할 상황이 벌어졌다. 이처럼 한국 사회에서 좌파라는 단어는 학문적 탐구조차 쉽게 허용하지 않는 일종의 '금기어'로 기능해 왔다. 그렇다면 왜 이렇게 되었을까?

한국전쟁과 좌파 트라우마

좌파 알레르기의 가장 큰 뿌리는 한국전쟁이다. 1950년 발발한 전쟁은 단순한 국토 전쟁이 아니라 좌우 대립이 폭발한 극단적 이념 전쟁이었다. 전쟁은 곧바로 민간인 대량학살로 이어졌다. 전쟁 발발 직후 보도연맹 사건에서만 수십만 명이 '좌익 동조자'라는 이유로 처형되었다. 이들 중 상당수는 실제 좌파 활동을 한 적조차 없는 민간인이었다. 반대로 북한군 점령지에서는 보수적 지역 유지, 공무원, 교사, 심지어 교회 목회자들까지 '우익 협력자'라는 이유로 집단 처형되었다. 이러한 상호 학살 경험은 좌우 모두에게 깊은 상처를 남겼다. 하지만 남한 사회에서 특히 강하게 각인된 것은 '좌파 = 살인자'라는 이미지였다. 그 기억은 세대에서 세대로 전승되었고, 좌파는 논쟁의 상대가 아니라 제거해야 할 '위험 요소'로 각인되었다.

국가가 각인시킨 반공 이데올로기

전쟁 경험만으로는 설명이 부족하다. 이후 수십 년간 이어진 국가 차원의 반공 교육이 좌파 혐오를 구조화했다. 1950~1980년대 한국은 반공을 국시(國是)로 삼았다. 학교 교실마다 '반공 포스터 그리기'

대회가 열렸고, 조회에서 "나는 공산당이 싫어요!"를 외치는 어린이의 목소리가 방송을 타고 전국에 퍼졌다. 교회 강단에서는 주일마다 '빨갱이 척결' 설교가 울려 퍼졌으며, 군대에서는 정신교육의 핵심 주제가 언제나 반공이었다. 이 시절의 교과서에는 '공산주의자는 배은망덕하고 비열한 존재'라는 묘사가 당연히 실려 있었고, 사회주의 사상을 긍정적으로 언급하는 것 자체가 범죄로 여겨졌다. 빨간색 크레용이나 옷조차 터부시되는 문화가 형성되었고, '빨갱이'라는 낙인은 일종의 사회적 사형선고가 되었다.

어린 시절 내가 인식한 '종북 좌파 빨갱이'

1970~80년대, 한국인이라면 학교에서 겪었으리라. 매일 조회 시간마다 담임교사는 칠판에 크게 '공산당 = 우리의 적'이라 적고, 학생들은 일제히 따라 읽었다. 한 친구가 빨간색 연필로 이름을 쓰면, 선생님은 "빨간색은 공산당 색"이라며 사용하지 말라고 경고했다.

나의 아버지는 신문에서 노동자 파업 관련 기사를 읽다가 심하게 분노했다. "저런 쳐 죽일 종북 좌파 빨갱이 새끼들"이라며 신문을 집어던지셨다. 나는 아버지의 말을 듣고 적잖은 충격을 받았다. 내가 때려잡아야 할 빨갱이들이 남한 사회에도 존재하는구나 싶어서였다. 학교에서 지겹도록 들었던 "때려잡자 김일성, 쳐부수자 공산당"에서, 때려잡아야 할 김일성은 북한에 있지만, 쳐부숴야 할 공산당은 우리 곁에도 있다는 사실이 놀라웠다. 자세히 보니 옆집 춘삼이 아저씨도,

영길이 아저씨도, 뉴스를 보면서 걸핏하면 "종북 좌파 빨갱이 새끼들"을 내뱉으셨다. 어린 내겐 '좌파 = 빨갱이'란 등식이 자연스럽게 다가왔다. '빨갱이 = 때려잡아야 할 놈들'도 자연스러웠다. 세 개를 다 이어 붙이면 '좌파 = 빨갱이 = 때려잡아야 할 놈들'이 되었다. 그 후로 나는 거리에 붙어 있던 포스터의 이 문구를 늘 주목했다.

"의심나면 다시 보고 수상하면 신고하자"

간첩신고 포스터였다. 사실 그 내용보다 그 아래에 적혀있는 신고 포상금에 눈이 갔다. 당시 우리 집으로선 상상도 못 할 큰 금액이었다. 그래서 거리를 걸어가거나 버스를 타고 갈 때, 어디 수상한 아저씨 하나 없나 살피며 수상한 사람을 째려보았다. 혹시 간첩 한 명이라도 발견해 포상금을 타서 엄마에게 가져다드리면 정말 기뻐하시겠다는 상상을 하곤 했었다. 빨갱이도 때려잡고 포상금도 받으면 이보다 더 좋을 수 없지 않은가. 이러한 교육 속에서 좌파는 단순한 정치적 의견이 아니라 도덕적으로 잘못된 집단으로 치부되었다. 이런 경험은 좌파를 '비도덕적 존재'로 보는 사회적 합의를 어린 시절부터 체화하게 했다. 학교와 가정에서 동시에 주입된 반공 메시지는 좌파에 대한 알레르기를 심화시키는 장치였다.

'좌파 = 북한 공산당'이라는 낙인 프레임

좌파 혐오를 더욱 굳건히 만든 것은 '좌파 = 북한 공산당'이라는 단순화된 프레임이었다. 이는 냉전기 서구 사회에서 '좌파 = 소련공산당'으로 환원되던 프레임과 유사하다. 1980년대 대학가에서 민주화운동을 벌인 청년들이 경찰에 체포되면, 언론은 곧바로 그들을 '주사파'로 규정했다. 이 프레임은 좌파적 비판을 북한 추종과 동일시함으로써 좌파 담론의 정당성을 차단하는 데 효과적으로 작동했다.

예컨대 1989년 임수경의 방북 사건은 대학생들의 평화·통일 담론 자체를 '북한 추종'으로 몰아가는 계기가 되었다. 실제로 다수의 학생 운동가가 북한식 사회주의에 동조하지 않았음에도 불구하고, 사회 전체는 그들을 하나같이 '종북 좌파'로 규정했다. 대표적인 '부림사건'을 거론하지 않을 수 없다. 1981년 부산과 마산 지역에서 야학 활동을 하던 학생들이 불온서적을 읽고 사회전복을 기도했다는 이유로 체포되었고, 고문을 당했다. 그들은 고문을 이기지 못하고 '북한으로부터 지령을 받아 활동했다'라고 자백함으로써 체제전복 세력으로 처벌받았다. 다행히 2014년 재심 결과, 그들은 모두 '강제 고문에 의한 자백'을 인정받아 무죄가 되었다. 결과적으로 한국 사회에서는 좌파적 주장을 펴는 순간 곧바로 '국가 반역자'로 낙인찍히는 구조가 고착되었다.

민주화 이후에도 사라지지 않은 좌파 혐오

1987년 6월항쟁 이후 민주화를 이뤘음에도 좌파 혐오는 여전히 강고했다. 예를 들어 1991년 강경대 열사 사건 이후 이어진 학생 시위는 사회 일각에서 '폭력적 좌파의 난동'으로 규정되었고, 정작 그

배후에 있던 경찰 폭력과 사회 불평등 문제는 제대로 다뤄지지 않았다. 민주화가 이뤄졌음에도 '좌파 = 불온세력'이라는 공식은 쉽게 사라지지 않았다.

1990년대 이후 신자유주의가 확산되면서 '효율'과 '경쟁'이 사회의 절대 가치가 되었다. 이 과정에서 복지, 연대, 평등이라는 좌파적 가치는 '비효율적이고 시대착오적인 것'으로 폄하되었다. IMF 외환위기 이후 구조조정에 저항하는 노동자들은 '시대 흐름을 모르는 낡은 좌파'로 몰렸고 사회적 공론장에서 설 자리를 점점 잃었다.

좌파의 자기검열과 '진보'라는 이름

좌파 혐오의 강력한 장벽 앞에서 좌파는 스스로를 검열하기 시작했다. 노골적으로 '좌파'라 말하지 않고 '진보'라는 용어를 택한 것이다. 1990년대 시민단체들은 대체로 '진보적 시민운동'이라 불렸지 '좌파 운동'이라 불리지 않았다. 정치세력도 마찬가지였다. 민주노동당조차 내부적으로는 사회주의적 기조를 지녔지만 공식적으로는 '진보정당'을 표방했다. 이는 일종의 생존 전략이었다. 그러나 그 결과, 좌파의 급진적 가치와 구조적 대안을 이야기하기보다 점잖은 '개혁 담론'으로 후퇴하는 현상이 나타났다. 좌파의 본질적 문제의식이 흐려진 것이다.

좌파 혐오의 일상적 작동

좌파 알레르기는 추상적 담론을 넘어 일상적 삶 속에서도 작동해 왔다. 직장에서 노조 활동을 했다는 이유로 '빨갱이'라고 낙인찍히기도 하고, 지역사회에서 진보적 발언을 했다는 이유만으로 교회나 모임에서 배제되는 경우도 생겨났다.

선거철에는 상대 후보를 '좌파 = 종북'으로 몰아가는 네거티브 전략이 난무했다. 대표적인 사건이 2002년 새천년민주당 대선 경선 사건이다. 당시 국민경선에서 이인제 후보는 노무현 후보에게 '색깔론' 의혹(노무현의 장인이 좌익활동을 하다 체포된 전력을 문제 삼음)을 제기했고, 노무현은 다음과 같이 연설함으로써 이에 정면으로 대응했다.

"음모론, 색깔론 그리고 근거 없는 모략, 이제 중단해 주십시오. … 제 장인은 좌익 활동을 하다 돌아가셨습니다. … 저는 이 사실을 알고 아내와 결혼했습니다. … 이런 아내를 제가 버려야 합니까? … 여러분이 그런 아내를 가지고 있는 사람은 대통령 자격이 없다고 판단하신다면, 저는 대통령 후보 그만두겠습니다."

- 노무현, 2002년 4월 6일 인천전문대 체육관에서

이러한 경험들이 누적되면서 좌파는 한국 사회에서 사실상 사회적 약자로 자리 잡았다. 우파는 이름을 드러내도 아무 문제가 없지만, 좌파는 이름을 감춰야만 활동할 수 있었다.

좌파 알레르기, 극복할 수 있을까

좌파 알레르기를 극복하는 것은 단순히 좌파를 옹호하는 문제가 아니다. 그것은 한국 사회가 건강한 균형을 갖춘 민주주의로 나아가기 위한 필수 조건이다.

독일은 2차 세계대전 이후 나치즘과 철저히 단절하면서도 사회주의 정당(사민당)을 합법적으로 인정했고, 오늘날 유럽은 좌파와 우파가 공존하는 정치문화를 유지하고 있다. 한국 사회만이 유독 좌파를 불온시한다면 그것은 민주주의의 결핍을 드러내는 징표다. 좌파 혐오를 넘어서는 순간, 한국 사회는 비로소 진정한 의미에서 다양성을 품는 민주주의, 그리고 과거의 상처를 치유하고 미래로 나아가는 길을 열 수 있을 것이다. 우리 사회는 다음 세 가지 숙제를 해결해야 미래로 나아갈 수 있다.

- 좌파는 '북한 추종자'가 아니다.
- 좌파는 '국가를 전복하려는 세력'이 아니다.
- 좌파는 '모든 사람이 인간답게 더불어 사는 세상을 지향하는 하나의 길'일 뿐이다.

7장

지워진 지도자, 반복되는 언어
_ 여운형과 '빨갱이' 프레임

앞서 4장과 5장에서 우리는 한국 좌우의 태동과 분기점을 살펴보았다. 좌파와 우파는 애초부터 '애국'과 '반역'으로 나뉜 것이 아니었다. 서로 다른 문제의식과 해법을 가진 정치적 흐름이었고, 해방 공간에서 그 갈래는 아직 열려 있었다. 6장에서 살펴본 '좌파 알레르기'는 그 열린 가능성이 어떻게 닫혔는지를 설명하는 집단심리의 역사였다. 그렇다면 이제 물어야 한다. 그 알레르기는 실제로 누구를, 어떻게 지웠는가. 이 질문의 중심에 여운형이 있다.

광복 직후, 민심 1위는 여운형이었다

"1위 여운형(33%), 2위 이승만(21%), 3위 김구(18%), 4위 박헌영(14%)."

이는 1945년 10월 10일부터 11월 9일까지 한 달간 진행되어 잡지 〈선구〉 12월호에 발표된 "조선을 이끌어갈 양심적인 지도자" 및 "과거 대표적 조선 혁명가"에 대한 설문조사 결과다. 이 결과가 더 놀라운 이유는 〈선구〉가 보수 성향의 잡지였기 때문이다. 잡지 성향으로 따지면 이승만을 지도자로 추대할 가능성이 높은 곳이었다. 물론 이는 현재 우리 세대에게도 엄청나게 놀라운 결과다. 3위가 김구라는 것도 놀랍지만, 더 놀라운 것은 김구와 여운형의 지지도 차이가 약 두 배에 가깝다는 것이다. 오늘날의 상식과는 사뭇 다르다. 현재의 역사 서술 속에서 여운형은 주변부 인물처럼 다뤄지지만 광복 직후 민중의 인식 속에서 그는 가장 영향력 있는 정치 지도자였다.

여운형은 왜 암살 대상 1호였을까

여운형은 한국 정치사에서 암살 위협을 가장 많이 받은 인물 가운데 하나로 기록되고 있다. 1945년 해방 직후 건국준비위원회를 조직한 시점부터 여운형은 이미 표적이 되었다. 집과 사무실에 협박장이 날아들었고, 집회와 연설 현장에서는 권총을 소지한 인물들이 체포되거나 도주했다. 이동 시 경호가 없으면 외출이 어려울 정도였다. 그는 여러 차례 연설 도중 저격 시도, 차량 이동 중 습격 위협, 숙소 침입 시도를 겪었다. 일부는 미수에 그쳤고, 일부는 사전에 정보가 새어 나가 저지되었다. 이런 테러 시도가 12회나 있었다고 알려졌다.

결국 여운형은 1947년 7월 19일, 서울 혜화동 로터리 인근의 공개된 장소에서 총격을 받고 사망한다. 암살자 한지근은 극우단체 '백의사' 단장 염동진으로부터 건네받은 권총으로 암살했다고 자백했다. 그는 단독범으로 처리되었고, 배후 세력에 대한 수사는 제대로 이루어지지 않았다. 게다가 사건이 발생한 지 3개월도 되지 않아 서둘러 사형이 선고되었다.

당시 주류권력이 직접 암살했다는 증거는 없지만, 배후세력에 대한 합리적 의심은 여전히 남아 있다. 적어도 12차례에 이르는 암살 기도가 있었음에도 사회적 보호는 이루어지지 않았다. 암살범에 대한 이례적으로 빠른 사형선고로 인해 암살사건의 배후는 미궁 속으로 사라지고, 여운형도 암흑 속으로 사라졌다. 당시 권력은 여운형을 민중을 선동하는 위험인물로 간주했음을 짐작하게 한다.

김구가 '민족의 정신'을 대표했다면, 여운형은 '민중의 삶'을 조직했다

김구와 여운형은 종종 대립 구도로 설명되지만, 실제로 두 사람은 공통점이 훨씬 많았다. 두 사람 모두 독립운동가였고, 분단을 반대했으며, 남북협상을 통해 통일정부를 수립해야 한다고 했다. 이 점에서 두 사람은 이승만 노선과 뚜렷이 구별된다.

그러나 차이는 분명했다. 김구가 도덕적 권위와 민족주의적 상징성에 무게를 두었다면, 여운형은 현실 정치의 조정자였다. 김구가 민족의 도덕적 상징이었다면, 여운형은 민중의 삶을 실제로 조직하려 한 정치인이었다. 이 차이는 우열의 문제가 아니라 우리가 선택할 수 있었던 또 하나의 찬란한 '대한민국 미래'였다. 5장에서 김구에 대해 그랬듯이 '여운형이 초대 대통령이 되었다면'이란 상상력이다. 여운형 암살은 단순한 개인적 범죄가 아니라 해방 정국에서 중간의 길을 제시하던 정치 노선을 제거한 사건이었다. 여운형의 죽음 이후 좌우 합작은 사실상 붕괴되었고, 분단은 되돌릴 수 없는 흐름으로 굳어졌다. 대한민국의 하나의 가능성이 제거되는 순간이었다.

대한민국의 다양한 가능성을 끝끝내 놓지 않았던 지도자

여운형을 설명할 때 가장 자주 등장하는 질문은 '그는 사회주의자였는가?'였다. 이 질문 자체가 이미 6장에서 살펴본 '좌파 알레르기'의 산물이다. 한국 사회에서는 좌파를 말하는 순간 곧바로 공산주의자 여부를 묻는다. 그러나 여운형의 사상적 위치는 훨씬 복합적이었다.

그는 민족 독립을 최우선 가치로 두었고, 사유재산의 전면 부정을 주장하지 않았다. 소련식 일당독재 공산주의와도 거리를 두었다. 그의 정치적 지향은 오늘날의 기준으로 보면 사회민주주의, 중도 좌파, 민족주의 좌파 등에 가까웠다. 여운형은 노동과 자본의 조정을 통해 사회 통합을 이루고, 좌우 합작을 통해 분단을 막고자 했다. 문제는 이러한 복합성과 고유성이 한국 정치에서 허용되지 않았다는 점이다. 냉전의 언어는 사상의 다양한 스펙트럼을 지워버리고 오로지 좌우 양측으로 단순하게 구분했다. 좌측이라는 이유만으로 모든 차이를 하나의 색으로 덮어버렸다. 여운형은 그 단순화의 희생자였다. 실은 여운형은 대한민국의 다양한 가능성을 끝끝내 놓지 않았던 지도자였다.

여운형을 제거하려 했던 실질적 이유 세 가지

당시 사회는 왜 그토록 여운형을 제거하려 했을까. 그것은 그가 취한 정치적 입장 때문이었다. 그는

1. 친일 잔재를 청산하고,

2. 좌우 합작을 통해,

3. 남북 통일정부를 수립하고자 했다.

이 세 가지 행위가 당시 권력이 그토록 그를 제거하려 한 강력한 이유였다. 당시 권력 중심부에서는 친일파들이 득세하여 미군정과 이승만 세력을 뒷받침했다. 친일 청산을 강력하게 주장하는 여운형은 눈엣가시였다. 또한 그들은 편 가르기(좌익-소련군정 vs. 우익－미군정)를 통해 우위를 점하여 국가권력을 획득하고자 했다. 좌우 합작을 외치는 여운형은 정통 민족주의를 외치는 김구보다 더 위험한 인물이었다. 나아가 남북 통일정부를 수립하자는 여운형의 주장은, '남한 권력 독점'이라는 그들의 목표에 정면으로 반하는 것이었다. 그것은 또한 남한 단독정부 수립이 불가피하다고 주장하는 그들의 역사행위가 부정당하는 것이었다.

여기서 우리는 분명하게 알 수 있다. 여운형에게 덧씌워진 '빨갱이'란 낙인의 정체를. 친일 잔재를 청산하고, 좌우 합작을 추진하며, 남북 통일정부를 수립하고자 했기 때문이다. 당시 권력자들 입장에선 여운형은 제거해야 할 '빨갱이'였다.

권력에 대든 '빨갱이'의 철저한 삭제

여운형을 제거하는 데 결정적으로 작동한 것은 총알만이 아니었다. 그보다 먼저 작동한 것은 '빨갱이'라는 언어였다. 여운형은 서둘러 제거되고 철저히 삭제되었다. 그의 제거는 역사적으로 뒤따라올 수많은 '빨갱이' 제거의 신호탄이었고 본보기였다. 그의 장례식이 한국 최초의 국민장이었고 60만 명의 추모 인파가 몰렸음에도 불구하고, 그는 장례 이후 급속히 민중으로부터 잊혔다. 뿐만 아니라 그를 따르던 많은 세력도 흐지부지되었다. 당시 권력의 조직적인 '작업'의 결과였다. 훗날 학교 교과서에 김구는 민족영웅으로 자리를 잡았지만, 여운형은 흔적조차 찾을 수 없었다.

빨갱이란 모든 '제거해야 할 정적'

이렇듯 빨갱이는 '제거해야 할 정적'의 대명사가 되었다. 빨갱이는 사상을 가리키는 말이 아니었다. 그것은 권력에 도전하는 모든 가능성을 제거하기 위해 만들어진 정치적 호명 방식이었다. 이 언어의 위력은 단순하고 강력했다. '저 사람은 틀렸다'가 아니라 '저 사람은 위험하다'로 낙인찍고 '저 사람을 제거해야 한다'로 바꾸는 마법의 언어였다. 이런 메커니즘은 권력이 스스로를 절대화할 때 나타나는 극우적 정치 현상이다. 지지자들에겐 '우리만이 빨갱이로부터 나라를 구할 수 있다'라는 자부심을 펌프질하는 강력한 동기가 된다. 암살자 한지근이 자신의 목숨을 걸고 극우 청년단의 총을 들었다고 진술한 것처럼 말이다.

12.3사태는 '여운형 제거'의 재현

덜도 말고 더도 말고 딱 이런 메커니즘이 우리 사회에 재현된 것이 바로 12.3사태다. 여운형을 지운 언어는 사라지지 않았다. '빨갱이'는 '종북 좌파'로 이름만 바꿔 살아남았다. 과거 색깔론이 정적 제거의 명분이 되었듯, 오늘날에도 그 언어는 정치적 위기를 조성하는 데 사용된다.

이 지점에서 우리는 2부로 넘어가게 된다. 12.3사태는 돌발적 사건이 아니다. 그것은 오랫동안 누적되어 온 언어와 프레임의 결과다. 언어가 먼저 민주주의를 훼손하고 그다음, 제도가 흔들린다. 여운형의 이름을 다시 불러내는 이유는 과거를 애도하기 위해서가 아니다. 같은 언어가 다시 사람과 민주주의를 해치지 않게 하기 위해서다. 대한민국을 논하는 다양한 공론의 장을 다시 획일화하는 전철을 밟지 않기 위해서다.

2부

좌우파의 현재
_ 밀당하는 좌파

8장

당신은 좌파인가, 우파인가
_ 좌우파, 당당히 선언하자

이 장을 시작하기에 앞서 먼저 짚고 넘어가야 할 두 가지 중요한 전제가 있다. 이는 우리 사회에 널리 퍼져 있는 편협한 생각 또는 왜곡된 통념과 관련돼 있다. 그 두 가지는 다음과 같다.

1. '좌우 구분은 단지 이데올로기(이념)의 문제다'라는 생각
2. '좌우는 정치적 성향에 불과하다'라는 인식

이러한 통념은 좌파와 우파의 구분을 현실과 무관한 이념 논쟁으로만 보게 만들며, 마치 그것이 우리 삶에 아무런 실질적 도움이 되지 않고 단지 편 가르기만 초래하는 것처럼 느끼게 만든다. 또한, 좌우를 단지 정치 성향으로만 받아들이는 인식은 그것을 정치인들의 영역에서 벌어지는 일에 찬반을 표하는 행위 정도로 축소시킨다.

물론, 좌우 구분에는 이념적 요소나 정치적 의미도 포함되어 있다. 하지만 그것만으로 환원할 수는 없다. 좌우를 이해하는 일은 개인의 삶의 방향 설정뿐 아니라 사회 전체가 어떤 방향으로 나아갈지를 결정짓는 데 매우 중요한 기준이 된다. 좁게는 '나는 어떤 가치관으로 내 삶을 설계하고 실천할 것인가'라는 개인적 기준이 되고, 넓게는 '우리가 살아가는 사회를 어떤 방향으로 이끌어갈 것인가'라는 공동체적 과제를 설정하고 실행하는 사상적 · 실천적 원동력이 된다. 그

런 의미에서 이 장의 제목이기도 한 아래 질문은 개인적으로도, 사회적으로도 매우 중대한 질문이다.

'나는 좌파일까, 우파일까?'

'나는 진보일까, 보수일까?'

대한민국에서 살아가는 사람이라면 이 질문 앞에서 한 번쯤은 망설였을 것이다. 특히 12.3사태 이후 색깔론이 부활하고 정치적 갈등이 격화되면서 우리는 자신이 어디에 서 있는지를 더욱 명확히 해야 할 시대를 맞이했다.

한국 사회에선 자신의 색깔을 강요당하고 있다

상당수 평범한 시민들은 자신이 좌파인지 우파인지, 진보인지 보수인지를 정확히 인식하지 못한다. 아니, 인식할 필요조차 느끼지 못하는 경우가 많다. 자신이 어떤 성향을 가졌는지와는 무관하게 자신이 사는 지역과 그 지역에서 지지받는 정당에 의해 이미 규정되어 버리는 것도 그 이유 중 하나다.

예를 들어보자. 내가 대구나 광주에 살고 있다고 해보자. 내 주변 사람들 - 가족, 친구, 이웃, 사업 파트너, 종교 모임 지인 등 - 의 대다수가 '빨간 당'이나 '파란 당' 지지자인 경우다. 내가 아무리 개혁적이고 좌파적인 성향을 가졌더라도 대구에서는 그 성향을 자유롭게 드러내기 어려울 수 있고, 반대로, 내가 보수적이고 우파적인 성향을 지녔다 하더라도 광주에서는 그런 성향이 위축되거나 침묵 당할 가능성이 있다. 이처럼 한국 사회에서는 특정 지역에 살거나 고향이 특정 지역이라는 이유만으로, 개인의 고유한 정치 성향은 지역색에 덮이고 심지어는 강요당하기까지 한다. 더 심각한 것은, 그런 강요가 때로는 자신도 자각하지 못한 채 내면화되어 있다는 사실이다.

그러므로 이 장에서 다루는 좌파와 우파, 진보와 보수를 구분하는 데 있어 '특정 지역'이나 '특정 정당'은 기준이 될 수 없다. 오히려 특정 지역성과 특정 정당 정체성은 우리 각자의 고유한 정치적 색깔을 흐리게 만들고 자기 인식과 자아 성장을 가로막으며, 더 나아가서는 우리 사회의 정치적 성숙을 저해하는 요소로 작용한다.

좌파와 우파, 진보와 보수는 어떻게 다른가?

한국 사회에서 좌우 구분은 모호하고 혼란스럽다. 좌파와 우파를 단순히 이념(이데올로기)의 차이로 설명하거나 혹은 성향이나 감성으로 치부하는 경우가 많다. 그러나 좌우는 막연한 감정이 아니라 명확한 철학과 가치의 차이에서 출발한다. 우선, 기본 개념부터 명확히 하자.

■ 좌파/우파 구분표

구분	좌파	우파
핵심가치	평등, 연대, 사회적 약자 보호	자유, 경쟁, 개인의 책임
국가 역할	적극적 개입 (복지, 재분배 강화)	최소 개입 (시장 자유 보장)
주요 경제형태	국가 주도의 계획경제	시장 주도의 자유경제
경제정책	분배 중심, 기본소득, 공공성 강화	성장 중심, 시장 자유화, 민영화
사회관	다양성, 연대, 다문화 수용	전통, 질서, 국민 정체성 강조
국제관	평화, 국제연대 지향	국익 중심, 군사력 강조
상징 키워드	더불어, 연대, 공공성	자유, 안보, 시장

■ 진보/보수 구분표

구분	진보	보수
변화를 보는 태도	변화를 긍정, 개혁 지향	변화를 경계, 현상 유지 지향
역사관	과거 반성, 미래 지향	전통 존중, 과거 미화
가치관	새 질서 창출	기존 질서 유지
정책 접근	실험과 개혁 중시	안정성과 신중함 중시
사회 문제 해결	새로운 제도와 정책 시도	기존 제도 보완과 유지
키워드	혁신, 개혁, 변화	안정, 질서, 전통

좌우를 구분하는 핵심 가치

앞의 표에서 본 바와 같이 좌우를 구분하는 가장 기본적 기준은 '변화를 바라보는 태도'와 '불평등을 바라보는 관점'이다.

좌파는 변화를 지향한다. 현재의 체제를 불완전한 것으로 보고, 더 평등하고 더 정의로운 사회를 만들기 위해 변혁을 추구한다(이런 면 때문에 '좌파 = 진보'라고 불리곤 한다). 우파는 현존 질서를 수호한다. 기존 체제를 긍정하고 전통과 시장질서를 존중하며 점진적 개혁을 선호한다(이런 면 때문에 '우파 = 보수'라고 불리곤 한다).

또한 불평등에 대한 시각에서도 명확히 갈린다. 좌파는 구조적 불평등을 문제 삼는다. 사회 시스템이 불공정해서 불평등이 발생한다고 보고, 제도를 바꿔야 한다고 주장한다(이런 면 때문에 '좌파 = 진보'라고 불리곤 한다). 우파는 개인 책임론을 강조한다. 노력과 능력에 따라 결과가 달라지는 것은 자연스러운 일이며 개인이 스스로 성공할 수 있다고 믿는다(이런 면 때문에 '우파 = 보수'라고 불리곤 한다).

진보라고 해서 반드시 좌파는 아니다

진보와 좌파, 보수와 우파는 서로 겹치기도 하지만 반드시 일치하지는 않는다. 이를 명확히 보여주는 것이 다음의 교차표다.

■ 좌파/우파 vs. 진보/보수 교차표

	진보	보수
좌파	좌파-진보 (예: 사회민주주의, 기본소득 운동)	좌파-보수 (예: 구소련 말기 관료집단, 중국 공산당 보수파)
우파	우파-진보 (경제적 자유주의자, 시장개혁론자)	우파-보수 (예: 전통적 보수주의, 극우민족주의자)

이 교차표를 보면 알 수 있다. 좌파이면서 진보일 수도 있고(사회민주주의자), 좌파이면서 보수일 수도 있다(구소련 말기 관료집단). 우파이면서 진보인 경우도 있고(시장 자유화를 주장하는 신자유주의자), 우파이면서 보수인 경우도 있다(극우민족주의자).

중국은 정치적으로는 좌파(공산당 1당 체제)이지만, 경제적으로는 자본주의적 시장경제를 적극 수용한 우파적 국가가 되었다. 프랑스는 사회당처럼 좌파 진영이 진보성을 강화해 온 나라지만, 최근에는 좌파 내에서도 보수화 흐름이 있다. 대한민국은 민주당이 '진보'를 자처했지만 실제로는 중도보수적 색채를 보였으며, 좌파적 가치를 적극 내세운 정당은 심하게 약화되었다.

독립운동가 안창호가 진보에서 보수로 분류된 이유

좌·우 구분과 진보·보수 구분을 이해할 때 우리가 놓치지 말아야 할 중요한 단서가 있다. 좌·우 구분은 시대와 국가를 초월해 비교적 일관되지만, 진보와 보수의 기준은 역사적 맥락과 사회적 환경에 따라 달라진다.

예를 들어, 일제강점기 대한민국에서 보수는 식민 통치를 수용하고 기존 질서를 유지하려는 세력이었고, 진보는 이에 맞서 독립을 추구한 세력이었다. 하지만 독립운동가 중에서도 좌파 성향과 우파 성향은 나뉘었고, 해방 이후 그 진로는 더욱 명확히 갈렸다. 일부는 이승만 정부를 지지하며 우파로(진보였던 사람이 보수로), 또 일부는 다른 체제를 지향하며 좌파(진보였던 사람이 진보로)로 나아갔다. 이렇게 한 인물이 어떤 시대에는 '진보'로 불리지만, 시대가 바뀌면 '보수'로 인식되기도 한다. 예컨대 독립운동가였던 안창호는 일제강점기에는 진보적 인물로 평가받았지만, 오늘날 그의 정신은 보수 진영에서 계승하고 있다.

결국, 좌우는 비교적 고정된 가치 지향의 문제인 반면, 진보와 보수는 시대적 변화 속에서 위치가 달라지는 상대적 개념임을 이해하는 것이 중요하다. 이런 변화를 표로 나타내면 다음과 같다.

시대	진보(기존 질서 도전)	보수(기존 질서 수호)
일제강점기	독립운동가	친일 세력
해방~한국전쟁	사회주의계 독립운동가(좌파)	이승만 정권 지지(우파)
군사정권 시절	반독재 민주화 운동	유신체제 지지
2020년대	다양성·젠더·기후 운동	안보·전통·경제 안정 강조

결론적으로 좌우는 '무엇을 지향하는가'에 대한 가치 철학이고, 진보와 보수는 '무엇에 저항하고 무엇을 수호하는가'에 대한 역사적 태도이다.

좌파든 우파든 자신을 숨기지 말자. 특히 좌파는

'진보'라는 말만으로 '좌파'를 대신할 수 없다. '나는 진보야'라고 말하는 것으로는 좌파적 정체성을 명확히 드러낼 수 없다. 오히려 좌파라는 이름을 숨기고 스스로를 희석시키는 위험을 초래할 수 있다.

지금 우리가 말하는 좌파는 냉전시대에 왜곡된 좌파 이미지에서 벗어나 민주주의에 기반한 성숙한 좌파다. 더 이상 독재 정권에 기대 민중을 억압하던 권위적 좌파가 아니라 민중과 함께 호흡하며 사람과 사회를 바꾸려는 동반자 좌파다. 오늘날 좌파는 단지 정치적 태도에 머무르지 않는다. 불평등에 맞서고, 기후 위기에 응답하며, 사람과 지구의 지속가능성을 모색하는 새로운 대안이다. 이제는 '빨갱이', '종북' 같은 낡은 낙인에서 벗어나 스스로를 좌파라 당당히 말할 수 있는 시대다.

그러므로 진보의 그늘에 숨어 좌파를 숨기는 것은 이 시대에 대한 배신이다. 좌파의 길을 부각시키는 것은 단순히 '좌파 부활'을 위한 것이 아니다. 양극화 해소, 불평등 극복, 기후위기 대응이라는 우리 사회의 절박한 문제를 풀어낼 유일한 대안이 좌파의 길이기 때문이다.

12.3사태를 지나고 있는 우리는 이제 진보적 언어에 머무르는 것

을 넘어서 이렇게 선언하면 어떨까.

'나는 좌파다.'

그것도 '나는 중년 좌파다'처럼 구체적으로.

이 책이 세상에 알려지면서 여기저기서 자기선언이 봇물 터지듯 터져 나오기를 기대한다. 자신을 소개하는 SNS에 당당하게 자신의 성향을 소개하는 붐이 일기를 기대한다. 예컨대 나는 '중좌(중년 좌파)'다. 그것도 '귀여운 중좌', 줄여서 '귀중좌'다. 누구는 '잘청우' 즉 '잘생긴 청년 우파'라고 자신을 소개할 수도 있다. 무엇이라고 표현하든 당당할 뿐만 아니라, 서로의 정체성을 파악하고 부딪치느라 들이는 에너지를 이젠 서로 대화하고 토론하여 새로운 대한민국을 건설해 나가는 데 집중할 수 있기를 기대한다.

9장

LRPC 검사를 통한 나의 정치 성향 진단
_ 바로 알아야 바로 산다

100명의 직원을 둔 기업 두 곳이 있다. A 기업엔 A 사장, B 기업엔 B 사장이 있다. 두 곳 모두 회사에 경영난이 닥쳤다. 이대로 가다간 문을 닫을지도 모른다. 이때 A 사장과 B 사장은 어떻게 대처할까. A 사장은 경영난을 해소하기 위해 인원감축부터 생각했다. 회사가 살아야 직원도 산다는 평소 신념 때문이다. 대를 위해 소가 희생되는 것은 어쩔 수 없다는 확신이다. B 사장은 어떨까. 인원감축 말고 다른 방법이 없는지 최대한 살펴보았다. 그는 회사 경영난을 직원들에게 호소하여 어떻게 해서든 100명의 직원과 같이 가려고 노력했다. 결과적으로 어느 회사가 살아남을지는 알 수 없다.

여기서 우리는 A 사장은 우파 사장, B 사장은 좌파 사장임을 알 수 있다. 비록 본인들은 자신을 스스로 우파나 혹은 좌파라고 인식하지 못할지라도 말이다. 이렇듯 대부분의 사람은 의식하든 않든 좌파적 혹은 우파적 선택을 하며 살아간다. 객관적인 문항을 통해 자신의 성향을 진단하여 분명히 알게 된다면 이는 분명 자신에게 큰 자산이 될 것이다.

웰컴 투 LRPC 월드

자신이 좌파인지 우파인지, 진보인지 보수인지를 명확히 알 수 있도록 간단한 자기 진단 도구를 제시해 본다. 이름하여 LRPC 검사다. 이 검사는 내가 명명하고 시도한 것이다.

L(Left, 좌파) **R**(Right, 우파)

P(Progressive, 진보) **C**(Conservative, 보수)

우선 다음 질문에 '동의한다' 혹은 '아니다'로 답해보자.

1. 경제적 불평등은 구조적 문제라고 생각한다. (L)

2. 복지 확대와 분배 강화가 필요하다고 생각한다. (L)

3. 자유시장 경쟁이 가장 효율적이라고 믿는다. (R)

4. 개인의 노력에 따라 결과는 달라져야 한다고 본다. (R)

5. 성소수자와 이민자의 권리를 적극 지지한다. (P)

6. 기존 전통과 가족 질서를 중요하게 여긴다. (C)

7. 새로운 사회적 변화를 환영하는 편이다. (P)

8. 급격한 변화를 경계하고 점진적 변화를 선호한다. (C)

L 답변이 많으면 좌파, R 답변이 많으면 우파, P 답변이 많으면 진보, C 답변이 많으면 보수다. 혼합되어 있다면 자신의 교차점을 파악할 수 있다. 예를 들어, 다음과 같이 답했다고 가정해 보자.

1. 그렇다 → L

2. 그렇다 → L

3. 아니다 → (R 아님)

4. 그렇다 → R

5. 그렇다 → P

6. 아니다 → (C 아님)

7. 그렇다 → P

8. 그렇다 → C

결과 L: 2, R: 1, P: 2, C: 1

이 경우, 좌파적(L)이면서 진보적(P) 성향이 약간 더 강하다고 볼 수 있다. 이제 다음과 같이 성향을 분류해 볼 수 있다.

좌파-진보(LP): 평등, 복지, 다양성 중시. 사회 개혁적

우파-보수(RC): 시장과 개인 책임 중시. 전통과 안정 선호

좌파-보수(LC): 분배·복지는 중시하나, 급진적 변화는 꺼림

우파-진보(RP): 자유시장을 지지하지만 사회적 다양성에는 개방적

MBTI와 LRPC는 닮았다

LRPC로 자기 성향을 진단하면서 혹시 MBTI 성격유형검사를 떠올린 독자들이 있을지 모르겠다. 그렇다. 내용은 다르나 성향을 검사하여 유형을 분류해 주는 메커니즘은 비슷하다. 우리는 MBTI 검사와 비교하며 LRPC 검사를 통해 다음의 일곱 가지를 얻을 수 있다.

1. 사람마다 자신의 내면과 세계관에 여러 면이 혼재되어 있다. 말하자면, 서로 다른 것이 공존한다는 뜻이다. 예컨대 어떤 사람이 좌파라고 해서 100% 좌파가 아니라 우파 성향

과 세계관도 어느 정도 가지고 있다는 의미다. 다만, 우파 성향보다 좌파 성향이 좀 더 강할 뿐이다. 그러므로 그 사람이 좌파라고 하더라도 우파와 공통으로 겹치는 구간이 얼마든지 있을 수 있다. MBTI 검사의 경우 E성향이 51%, I성향이 49%이면 E성향으로 분류한다. 마찬가지로 LRPC 검사 결과 그 사람이 좌파 성향으로 나왔다고 할지라도, 우파 성향이 전혀 없는 순도 100%의 좌파가 아니다. 다만, 우파 성향보다 좌파 성향이 더 강할 뿐이다. 이것은 서로 대화하고 토론하고자 한다면 얼마든지 가능하며, 서로 상생하고자 한다면 얼마든지 가능하다는 이야기다.

2. 사람마다 현재 자기 고유의 정치 성향을 보유하고 있다는 것이다. 그러므로 그의 성향을 왜 그러냐고 따져 물을 게 아니라 그의 고유 색깔임을 존중해줄 필요가 있다. 더 이상 상대방을 자기 편으로 끌어들이려고 에너지를 쓰지 않았으면 좋겠다. 그것은 마치 ENFP 성향의 사람을 설득하여 ISTJ 성향의 사람으로 바꾸겠다는 것과 같다. 그 사람의 성향이 바뀌는 것은 누군가의 설득의 결과가 아니라, 바뀔 수밖에 없는 환경의 산물(역사학자 토인비에 따르면 도전에 따른 응전의 결과)이다.

3. 우리는 사람을 선입견으로 재단하지 말아야 한다는 것을 또다시 깨닫게 된다. 그 사람이 보수적이라고 해서 반드시 우파가 아니며, 그 사람이 좌파라고 해서 반드시 진보적이지도 않다. 또

한 LRPC 검사 결과만을 두고 그 사람을 온전히 판단할 수 없다. 그것은 단지 그 사람의 성향을 좀 더 뚜렷하게 드러낼 뿐이다. 자칫 사람을 성급하게 판단하는 것이 될 수 있어 조심스럽다.

4. MBTI 검사 결과가 종종 바뀐다는 사람이 많다. 그날의 기분과 감정상태가 좌우하기도 한다. 어떤 사람은 큰일(부모님과의 사별, 자신의 죽을 고비, 회사에서의 왕따 경험 등)을 겪고 나면 MBTI 검사 결과가 바뀌기도 한다. 마찬가지로 LRPC 검사 결과도 그러하다. 큰일(직장에서 해고되거나 조기은퇴 당했을 때, 믿었던 정치인이 배신하여 다른 정당으로 가버렸을 때, 주식에 투자했는데 갑자기 주가가 나락으로 떨어졌을 때, 친구의 사기로 인해 사업이 부도를 맞아 망했을 때 등)을 겪으면서 바뀌기도 한다. 사회적인 큰일(예컨대 12.3사태)을 겪으면서 정치 성향이 바뀐 사람도 많다. 이것은 정치 성향이 결코 고착화될 수 없다는 것을 말해주며, 나아가서 외부 세력의 강압으로 고착화될 수도 없다는 걸 보여준다. 단지 사람들은 자신의 생존을 위해 밖으로 드러내지 않을 뿐이다.

5. 그럼에도 정치성향은 누구에게도 모호하거나 두루뭉술하지 않다. 그것은 여러 가지 테스트 문항으로 검사가 가능하며, 그 결과도 분명하다. 우리 속에 여러 가지 성향이 혼재되어 있다고 하더라도 말이다. 그것은 객관적이고 합리적인 결과다. 그 사람이 좌파적이면서 보수적인 것은, 적어도 현재 상태에선 그 사람의 분명한 정치성향이다.

6. 우리가 LRPC 검사 결과를 알아서 자신의 색깔을 분명히 알아야
   할 이유가 무엇일까. 그것은 분명하다. 자신의 현재 색깔을 알아
   야 객관적으로 자신을 보고, 자신과 자신이 충돌하지 않는다. 다
   른 사람들과도 색깔 정보의 오류로 인한 충돌을 하지 않는다.

7. MBTI 검사 결과는 사람의 유형을 분류하여(예컨대 ENFP는 활발
   한 사회활동가 유형이다) 그 사람에게 어울리는 직업군과 진로 등
   을 추천해 준다. 마찬가지다. LRPC 검사 결과 정치 성향은 그 사
   람의 삶의 전반에 영향을 미친다. 그 사람의 직업군과 진로를
   추천해 줄 뿐만 아니라 사업스타일 등을 추천해 준다. 나아가서
   사회에 미치는 자신의 영향의 내용과 질을 일러준다. 그것이야
   말로 작게는 자신의 발전의 발판이며, 크게는 사회 발전의 원동
   력이 된다.

단, 위의 일곱 가지 내용은 좀 더 정밀한 검사와 그에 따른 유형 분
석 및 어울리는 직업군과 진로 등을 보여주는 연구가 선행되어야 한
다. 관련 내용을 모두 다룰 수 없다. 다만, 나는 이 책을 통해 LRPC
검사의 중요성과 저변 확대의 필요성을 역설할 뿐이다. 여러 가지
매체를 통해서 LRPC 검사가 좀 더 세밀하게 다듬어지고 폭넓게 활
용되기를 희망한다.

LRPC 정치 성향 자기 진단 - 40문항

앞에서 제시한 8문항 LRPC 검사는 자신의 정치 성향을 빠르게 가

늠해 보기 위한 간이 진단이었다. 하지만 정치 성향은 그렇게 단순하지 않다. 이제는 좀 더 많은 문항을 통해, 자신의 성향이 어디에 더 강하게 기울어 있는지 보다 정밀하게 살펴볼 필요가 있다. 다음의 40문항 검사는 본격적인 정밀 진단용 LRPC 검사다.

L - 좌파 성향(10문항)

1. 부유한 사람들에게 더 많은 세금을 부과해야 한다고 생각한다.

2. 기업의 사회적 책임은 정부가 강제할 필요가 있다고 본다.

3. 최저임금 인상은 경제에 긍정적인 영향을 준다고 본다.

4. 노동조합은 근로자 보호에 필수적이라고 생각한다.

5. 의료, 교육 등은 시장이 아니라 공공이 책임져야 한다고 생각한다.

6. 부의 대물림은 사회 불평등을 고착한다고 본다.

7. 주거는 인간의 기본권이며, 공공임대가 확대되어야 한다고 본다.

8. 대기업의 독과점은 규제되어야 한다고 본다.

9. 불평등은 개인 탓이 아니라 사회 구조 탓이라고 본다.

10. 민영화보다는 공영화가 더 공정한 사회를 만든다고 본다.

R - 우파 성향(10문항)

1. 부유한 사람은 그만큼 노력했기 때문에 보상받아야 한다고 생각한다.

2. 경쟁은 사회를 더 발전시키는 원동력이라고 본다.

3. 복지는 최소한만 제공되어야 하며, 나머지는 개인 책임이라고 생각한다.

4. 자유시장이 정부보다 더 효율적으로 자원을 분배한다고 생각한다.

5. 기업 활동에 대한 정부 규제는 최소화되어야 한다고 생각한다.

6. 경제 발전을 위해선 기업의 자유가 보장돼야 한다고 본다.

7. 교육은 부모의 능력에 따라 질적으로 차이 날 수 있다고 본다.

8. 부자 감세는 투자와 일자리 창출로 이어진다고 생각한다.

9. 복지보다는 창업이나 자립을 지원해야 한다고 생각한다.

10. 부의 격차는 자연스러운 현상이라고 본다.

P - 진보 성향(10문항)

1. 성소수자도 이성애자 등과 동등한 권리를 가져야 한다고 생각한다.

2. 다양한 가족 형태(비혼, 동성부부 등)를 인정해야 한다고 생각한다.

3. 누구든 인종, 국적, 성별 등으로 차별하지 않는 차별금지법이 필요하다고 생각한다.

4. 이민자 유입은 사회에 긍정적으로 기여할 수 있다고 본다.

5. 표현의 자유는 사회적 금기보다 더 중요하다고 생각한다.

6. 젠더 이슈(페미니즘, 남성 권리 등)는 공론화되어야 한다고 본다.

7. 인공지능, 원격근무 등 신기술 변화에 적극 대응해야 한다고 생
   각한다.

8. 청년 기본소득 같은 새로운 제도를 시도할 필요가 있다고 본다.

9. 전통적 제도보다 새로운 시스템이 더 효율적일 수 있다고 생
   각한다.

10. 사회는 끊임없이 개혁되어야 한다고 믿는다.

C - 보수 성향(10문항)

1. 전통적인 가족 제도(부부, 자녀 중심)는 유지되어야 한다고 생
   각한다.

2. 급격한 변화보다 서서히 바꾸는 것이 더 안전하다고 생각한다.

3. 예절, 의무, 책임 같은 가치가 약화되고 있다고 걱정한다.

4. 국가의 정체성과 전통은 존중받아야 한다고 생각한다.

5. 학교는 인성, 도덕, 규율 교육을 더 강화해야 한다고 본다.

6. 군대, 안보, 국방은 국가 운영의 핵심 요소라고 생각한다.

7. 부모에 대한 효와 어른 공경은 사회 질서 유지에 필요하다고
   본다.

8. 종교와 같은 전통적 가치관은 사회에 긍정적 영향을 준다고 본다.

9. 급진적 사회운동은 오히려 혼란을 가져온다고 본다.

10. 지금의 체제를 전면적으로 바꾸기보다는 점진적으로 보완해
    가야 한다고 생각한다.

40문항 체크 결과 자신의 유형은?

L:R	P:C	성향 유형
높음 : 낮음	높음 : 낮음	진보적 좌파(예: 사회민주주의)
낮음 : 높음	높음 : 낮음	진보적 우파(예: 자유주의자)
높음 : 낮음	낮음 : 높음	보수적 좌파(예: 공동체주의자)
낮음 : 높음	낮음 : 높음	보수적 우파(예: 보수자유주의자)

이러한 검사를 통해서 우리는 이전에 몰랐던 새로운 자신을 발견할 수 있다. 이유 없이 어떤 정치인은 보기 싫었고 어떤 정치인에게는 호감이 갔었는데, 알고 보니 자신의 정치 성향 때문이었음을 알 수도 있다. 그동안 우리 속에 잠재해 있었거나 모호했던 정치 성향을 이 검사를 통해서 확실히 알 수도 있다. 이처럼 검사를 통해 스스로 질문해 보고 그 결과, 자기 성향을 제대로 아는 것은 매우 중요하다. 이제 그 이유를 자세히 알아보자.

10장

자신의 정치적 성향을 알아야 하는 열 가지 이유
_ 사례로 보는 실제적 의미

우리가 정치적 성향을 고민해야 하는 가장 중요한 이유는 결국 그것이 '나 자신을 아는 일'과 직결되기 때문이다. 아래의 열 가지 이유와 그 사례를 살펴보면 당장 알 수 있다.

1. 정치·사회적 가치관을 정리하는 길잡이이기 때문에

좌우의 구분은 결국 무엇을 우선시하느냐의 차이다. 우파는 질서와 안정, 전통, 시장 자유를 중시한다. 좌파는 평등과 정의, 연대, 사회적 약자의 권리를 우선시한다. 자신이 어느 쪽에 더 무게를 두는지 아는 순간, 복잡한 사회문제 앞에서 흔들리지 않는 자기만의 나침반이 생긴다.

사례 1. 직장의 노조 파업: 동료들이 파업을 벌였다. '나'는 회사 업무에 차질을 겪는다. 이때 어떤 태도를 취할까? 우파 성향은 '질서가 깨지고 기업 경쟁력이 약화된다'라며 부정적일 수 있다. 좌파 성향은 '노동자의 권리를 지키기 위한 정당한 행동'으로 받아들이며 연대할 수 있다.

사례 2. 부동산 정책: 정부가 다주택자 세금을 올린다고 발표했다. 보수 성향은 '재산권 침해, 시장 교란'을 우려하고, 진보 성향은 '무주택자의 주거권 보장'을 강조한다. 똑같은 정책도 '내'가 어디에 서 있느냐에 따라 전혀 다른 의미가 된다.

2. 정치적 선택의 주체가 되기 위해

선거 때마다 쏟아지는 공약과 이미지는 사람들을 혼란스럽게 만든다. 선거와 정치적 선택에서 자신의 성향을 아는 것은 주체적 판단의 출발점이다. 후보의 이미지나 인기만 보고 결정하면 순간적 감정에 휘둘리기 쉽다. 자신의 성향을 알면 이미지 · 감정이 아닌 정책과 가치관을 중심으로 선택할 수 있다. 게다가 자신의 출신지역이나 학연과 지연 등만을 따져 투표하는 후진적 행태를 답습하지 않게 된다. 누가 자기와 가치관(정치적 성향)이 맞는지 분별할 수 있다. 그러므로 스스로 주체적으로 선택하기 위해 자신의 위치를 아는 것이 중요하다.

사례 1. 대통령 선거: 2022년 대선에서 한 후보가 기본소득을 내세웠을 때, 평등과 분배를 중시하는 성향이라면 적극적 지지를 보냈겠지만 시장의 자율성을 중시하는 성향이라면 비효율적이라고 반대했을 것이다.

사례 2. 지방선거 정책 결정: 2012년 대선 때 무상급식 공약을 두고, 좌파적 성향은 복지국가 실현으로 보았지만, 보수적 성향은 재정 부담과 포퓰리즘에 초점을 맞췄다.

3. '좌파 혐오'와 '이념 왜곡'에 휘둘리지 않기 위해

한국 사회는 종종 '좌파 = 종북', '보수 = 기득권'이라는 단순화된 낙인을 사용한다. 자신의 성향을 알면 이런 프레임에 휘둘리지 않고 문제의 본질을 볼 수 있고, 합리적 판단과 토론이 가능하다. 자신이 어떤 가치관을 갖고 있는지 정확히 알면 상대 진영을 무조건 악마화하지 않으며 토론과 대화에서 더 성숙하게 설득하거나 반박할 수 있다.

사례 1. 언론 보도 대응: 세월호 참사 때 일부 언론은 유가족들의 요구를 '좌파 선동'이라 매도했다. 자기 성향을 모르면 감정적으로 반응하지만, 성향을 알면 프레임을 분별하고 논리적으로 대응할 수 있다.

사례 2. SNS 토론: 페이스북이나 인스타그램 등 SNS에서 좌우가 충돌할 때 자신의 위치를 알면 불필요한 감정싸움 대신 논리적 반박과 이해를 시도할 수 있다.

4. 자신의 삶에 일관성을 갖기 위해

정치적 성향은 삶의 여러 영역에서 일관성을 제공한다. 직장, 교육, 복지, 노동 문제 등에서 자신의 판단 기준이 된다. 스스로를 정확히 알면 '왜 나는 이런 선택을 했는가'에 대한 설명을 자신에게도, 타인에게도 분명히 할 수 있다. 자신의 성향을 알면 각 선택이 단절적이지 않고 하나의 일관된 흐름으로 이어진다. 이 모든 순간에 자신의 좌·우·진보·보수의 위치는 결국 삶의 방향성과 일관성을 준다. 정치인 중에서 수시로 입장이 바뀌고 말이 바뀌는 사람은 이런 훈련이 되지 않은 사람이다.

　사례 1. 진로 선택의 일관성: 나는 2022년부터 2025년까지 법무법인 창(서울의 중소형 로펌 본점)의 의령지점에서 총괄사무장으로 일했다. 그동안 살면서 받았던 급여 중 가장 높은 금액을 매달 받았고, 법인 명의의 외제 승용차를 사실상 개인 차량처럼 사용할 수 있었다. 주변에서는 나를 '성공한 사람'으로 평가했고, 특히 친척들은 고졸 검정고시 출신인 나를 출세했다며 자랑스러워했다. 그러나 12.3사태를 겪으면서 그 직장을 과감히 그만두었다. 개인적인 출세의 길보다 국가와 사회의 위기 앞에서 내가 해야 할 역할이 있다고 판단했기 때문이다. 그렇게 나는 다시 내가 살던 안성으로 돌아왔고, 이 책을 쓰기 시작했다. 더 나아가, 평생 '더아모의집'을 열어 공공성을 실천해 온 내 삶의 궤적에 맞게, 급여가 이전보다 적더라도 안성을 위한 공공적인 일자리에 들어가기 위해 준비하고 있다. 이 선택은 즉흥적인 결단이 아니라 내가 어떤 가치 위에서 살아왔는지를 일관되게 보여주는 결정이다.

　사례 2. 인간관계에서의 선택: 나는 부산에서 목회 활동을 했지만, 나의 가치관과 맞지 않아 그곳을 떠나 안성에 정착했다. 그 과정에서 많은 인연들이 자연스럽게 멀어졌다. 안성에서 나는 가난한 사람과 소외된 사람을 우선하는 좌파적 가치에 기반해 살아왔다. 그 때문에 일부로부터는 '아내를 고생시키는 남편'이라는 비난을 받으며 거리 두기를 선택해야 했다. 그러나 그 대신 안성의 시민사회와 연대하며 지역을 변화시키는 일에 깊이 관여할 수 있었다. 그 결과 전국 최초의 민간 주도 '아름다운가게' 설립, 청소년 주도 행사 9년 연속 개최, 청소년·청년이 주도하는 지역방송 운영, '안성 몽실학교' 설립에의 기여, 안성 최초 벼룩시장과 어린이날 대규모 행사 정착 등 여러 성과를 함께 만들어낼 수 있었다. 나의 인간관계 선택 역시 정치적 성향이 만들어낸 삶의 일관된 결과였다.

5. 민주주의의 성숙을 위해

자기 위치를 아는 시민이 많을수록 민주주의는 튼튼해진다. 자기 성향을 아는 사람은 상대를 인정하고 논의할 수 있어 민주주의가 건강해진다. 다양한 가치가 공존할 때 사회는 균형을 유지한다. 민주주의는 다양한 목소리가 공존할 때 건강하다.

사례 1. 시민단체 참여: 좌파·우파가 함께 참여하는 지역 개발 토론회에서, 자신의 성향을 알면 논리적으로 주장하고 상대 의견도 수용하며 합리적 결정을 도울 수 있다.

사례 2. 선거 후 정책 평가: 선거 결과가 자신의 마음과 달라도 자기 성향을 아는 시민은 정책의 장단점을 객관적으로 평가하며 민주적 토론에 기여할 수 있다. 그렇지 않으면 자신이 지지하지 않은 후보를 볼 때마다 무조건 싫다며 상대 후보를 지지한 사람과 감정 다툼을 일삼게 된다. 선출된 정치인을 감시하고 정책적으로 비판해야 할 국민(주인)의 의무를 저버리게 된다.

6. 역사와 사회를 해석하는 관점을 정립하기 위해

정치적 성향은 과거 사건을 이해하고 현재를 해석하는 관점의 필터가 된다. 자신의 정치적 성향을 알면, 왜 그 사건을 그렇게 보는지 스스로 설명할 수 있고, 타인의 시각도 이해할 토대가 생긴다.

사례 1. 5.18광주민주화운동: 우파적 관점에서는 질서 유지 측면을 강조하지만, 좌파적 관점에서는 시민 저항과 민주적 가치 수호를 중심으로 평가하게 된다. 일부 우파는 아직도 '북한 개입설'을 믿고 전파하기도 한다.

사례 2. 1997년 IMF 경제위기: 좌파는 그 원인을 '재벌 중심 경제의 구조적 불평등'으로 보지만, 우파는 '노동 유연성의 부족'으로 해석하는 경향이 있다. 따라서 그 해결책도 달라진다.

7. 정치적 소비자·시민으로서의 힘을 강화하기 위해

정치적 성향은 투표를 넘어 사회적 참여와 소비에도 영향을 미친다. 자신이 어떤 소비자·시민인지 알면 생활 속 선택이 더 일관된다. 자신이 어떤 가치관을 가진 소비자인지 알면, 기업의 마케팅 전략이나 언론의 보도 태도에 휘둘리지 않고 주체적으로 선택할 수 있다.

사례 1. 친환경 제품 선택: 좌파 성향 시민은 기업의 환경정책과 사회책임을 고려해 제품을 선택한다. 우파 성향 시민은 가격과 효율성을 우선시한다.

사례 2. 노동권 존중 기업 선택: 노동권을 중시하는 성향은 윤리적 기업, 공정무역 상품을 우선한다. 자기 성향을 모르면 편의성 중심의 선택에 머물 수 있다.

8. 사회 변화에 능동적으로 대응하기 위해

세상은 지금 인공지능, 기후위기, 인구절벽 같은 대변화에 직면해 있다. 변화의 속도가 빠르고 예측되지 않아 혼란스러울 때도 자신의 성향을 제대로 알면 흔들리지 않고 변화에 대처할 수 있다. 자신의 성향을 모르면 단기적 이익만 좇게 된다.

사례 1. 기후위기 정책 참여: 평등·공동체를 중시하는 성향은 탄소세, 재생에너지 확대에 찬성한다. 자유·시장 중시 성향은 비용과 경쟁력 중심으로 접근한다.

사례 2. AI 도입 논란: 좌파 성향은 노동권 보호와 일자리 대책을 강조하고, 우파 성향은 기술 발전과 효율성을 우선시한다.

9. 정치적 조작과 선동에 면역력을 가지기 위해

정치권은 종종 선동과 가짜뉴스를 활용한다. 정치권과 언론은 종종 이념을 왜곡한다. 자기 성향을 아는 것은 선동에 휘말리지 않는 방패가 된다. 자신의 성향을 모르고 있으면 이런 선동에 쉽게 휘말려 그때그때 감정적으로 반응하게 된다. 반대로 자기 성향을 알면 어떤 메시지가 '내 가치를 지지하는지' 또는 '내 성향을 자극하기 위한 선동인지' 더 쉽게 구분할 수 있다.

사례 1. 가짜뉴스 대응: SNS에서 특정 후보를 공격하는 정보가 확산될 때, 자기 성향을 모르면 감정적 공유 가능성이 높지만, 알면 진위 확인부터 하게 된다.

사례 2. 2025년 1월 19일 서부지법 폭동 사건: 진정한 우파라면 '법과 질서 그리고 공권력'을 중시하기에 마음에 들지 않는 일이 있더라도 법원을 공격하지 않는다. 반면 자칭 우파라 할지라도 자신의 성향을 모르고 선동에 휩쓸린 사람은 법원을 공격하고 경찰에게 폭력을 행사한다. 우파의 핵심가치에 정면으로 어긋난다는 사실조차 모른다.

10. 후세대에게 책임 있는 태도를 보이기 위해

자신이 어떤 가치관을 가지고 세상을 바라봤는지 알면, 자녀와의 대화에서 스스로 떳떳할 수 있고, 또 그들에게도 '비판적 사고'와 '가치관 선택의 중요성'을 전해줄 수 있다. 정치 성향은 자신만의 선택이 아니라 자녀와 미래 세대에게 영향을 준다. 자기 성향을 아는 것은 미래 세대에게 떳떳한 삶을 사는 출발점이다.

사례 1. 자녀와의 정치 토론: 자녀가 학교에서 민주주의와 인권 수업을 받고 돌아왔을 때, 부모가 자기 성향을 정립해 두었다면 일관되게 설명해 줄 수 있다. 이 부모는 논리적 근거를 제공하며 자녀와 토론할 수 있다.

사례 2. 기후위기 대응: 기성세대가 무책임하게 탄소 배출을 늘린다면 후세대는 더 큰 고통을 떠안게 된다. 성향이 뚜렷한 부모는 책임 있는 선택을 고민한다.

위에서 살펴본 열 가지 이유를 표로 요약하면 다음과 같다.

	이유	설명
개인적 차원	1. 가치관 정리	좌·우·진보·보수 중 어디에 무게를 두는지 알면 삶의 기준이 선명해짐
	2. 삶의 일관성	교육, 노동, 복지, 부동산 등 현실 문제에서 자기 선택의 근거와 일관성 확보
	3. 역사 해석의 틀	같은 사건(5.18, 촛불집회 등)도 성향에 따라 해석이 달라짐→자기 설명 가능
	4. 후세대 책임	자녀·미래세대에게 자기 가치관을 떳떳하게 설명하고 대화할 수 있음

	이유	설명
정치적 차원	5. 정치적 선택의 주체	후보·정당의 공약과 가치관을 분별해 감정적 투표에서 벗어남
	6. 왜곡·혐오 방어	'좌파 = 종북', '보수 = 기득권' 같은 낙인에서 벗어나 균형 잡힌 토론 가능
	7. 정치 선동 면역	가짜뉴스, 선동적 프레임에 휘둘리지 않고 자기 기준으로 판단 가능
사회적 차원	8. 민주주의 성숙	자기 위치를 인정할 때 상대와의 대화·사회적 균형이 가능해짐
	9. 소비자·시민의 힘	불매운동, 윤리적 소비, 언론 해석 등 생활 속 정치적 선택에서 힘을 발휘
	10. 사회 변화 대응	기후위기·AI·인구절벽 등 새로운 과제 앞에서 자기 기준으로 능동적 대응

열 가지 이유만 요약했지만, 사실 찾아보면 그 이유는 무한하다. 우리의 삶이 그 어느 것 하나 정치적 요소와 결합되지 않은 게 있으랴. 우리 자신이 특정 정치인이나 정치집단을 싫어하여 투표에 참여하지 않은 그 순간에도, 우리 일상의 모든 것은 정치적 결정으로 인한 시스템에 의해 돌아간다. 정치적 성향을 아는 것은 단순한 '좌·우, 진보·보수'의 라벨링이 아니라, 자기 삶의 방향을 잡아주고, 사회 참여의 기준을 세우며, 민주주의의 건강성을 높이고, 후세대에 대한 책임을 가능하게 한다.

11장

좌우 프리즘으로 본 12.3사태
_좌우 대립이 맞는가

이번 12.3사태는 '좌우 대립이 맞는가?'라는 질문을 피할 수 없게 만든다. 그리고 이 질문에 대한 나의 답은 이것이다.

'좌우의 대립이 아니면서도, 동시에 좌우의 대립이다.'

겉으로 보면 분명 좌우가 충돌한 사건이다. 그러나 그 속을 들여다보면 그것은 단순한 이념 대립을 넘어 민주주의의 작동 원리 자체가 시험대에 오른 사건이었다.

시대가 지나도 좌파몰이는 그대로였다

윤석열은 2024년 12월 3일 계엄령을 선포하는 담화문에서 "북한 공산세력의 위협으로부터 자유대한민국을 수호하고, 우리 국민의 자유와 행복을 약탈하고 있는 파렴치한 종북 반국가 세력들을 일거에 척결하고 자유 헌정질서를 지키기 위해 비상계엄을 선포한다"라고 강조했다. 이를 표면적으로만 보면 흡사 '종북 좌파'를 척결하려는 우파의 행보처럼 보인다. 이 말대로라면, 대한민국에는 극단적인 좌파가 준동하고 있으며, 북한 공산세력을 등에 업고 자유대한민국 체제를 전복하려는 반국가 세력이 차고 넘친다는 뜻이 된다.

이 주장의 진위를 떠나, 이 담론은 이승만 · 박정희 · 전두환 시대로 이어졌던 '좌파 척결'의 언어에서 한 치도 벗어나지 못하고 있다. 시대는 바뀌었지만 좌파를 바라보는 시선만큼은 여전히 과거에 머물러 있다. 좌파를 때려잡아 우위를 점했던 과거 우파 정치의 문법이 그대로 재현된 것이다. 이 점에서 12.3사태는 분명 좌우 대립의 전형처럼 보인다.

12.3사태를 바라보는 좌우의 시각

실제로 12.3사태를 해석하는 좌우의 시각은 극명하게 갈린다. 먼저 좌파의 시각은 이렇다.

1. 헌정질서에 대한 중대한 도전: 계엄령은 헌법 질서 안에서 극히 제한적으로 허용되는 비상조치다. 야당 다수 국회를 '범죄자 집단'으로 규정하고, '좌파 종북 세력 척결'을 이유로 계엄을 선포한 것은 명백한 민주주의 파괴 행위다.

2. 이념을 동원한 정치적 탄압: '종북', '좌파'라는 용어를 동원한 정치 선전은 1980년대식 공포 정치의 부활이다. 이는 비판 세력에 대한 이념 낙인찍기이며, 국민을 편 가르고 통치하는 전형적인 권위주의 전략이다.

3. 민주주의와 인권의 후퇴: 국회 장악 시도, 언론 통제, 시민 통행 제한은 단순한 보수적 통치가 아니라 파시즘적 권력 행사다. 좌파는 이를 '권력의 폭주'로 규정한다. 한마디로 좌파는 12.3사태를 '민주주의 파괴와 권위주의 회귀'로 본다.

반면 우파의 시각, 특히 일부 강경 보수 진영의 시각은 다르다.

1. 국가 정체성 수호: 윤석열 지지층 일부는 '좌파 정권에 의해 국정이 파괴되고 있다'라는 인식을 갖고 있으며, 계엄령을 국가 안보를 지키기 위한 불가피한 수단으로 받아들인다.

2. 공산주의 잔재 청산이라는 명분: '종북 세력 척결'이라는 메시지는 박정희 · 전두환 시대 반공 이념의 연장선이다. 일부 우파는 이를 '대한민국을 지키는 결단'으로 평가한다.

3. 질서와 통제 우선의 사고방식: 혼란보다는 질서, 자유보다는 안정을 우선시하며 국정 마비를 정상화하려는 조치로 계엄을 이해한다. 한마디로 우파는 이를 '국가 안보와 질서 유지를 위한 강력한 조치'로 본다.

헌법재판소는 '좌우의 대립'이 아니라고 판단했다

주장이 어떠하든, 헌법재판소는 2025년 4월 4일 오전 11시 22분, 재판관 8명 전원일치로 윤석열을 파면했다. 이는 단순히 개인을 파면한 것이 아니라 대한민국 헌법기관이 공식적으로 좌파의 문제 제기가 정당했음을 확인한 것이다. 헌재는 윤석열의 좌파몰이 주장을 조목조목 반박하며 근거 없음을 명확히 했다. 이로써 우리 사회는 12.3사태의 본질을 '좌우 대립'이 아니라 '민주주의의 파괴'로 합의하게 되었다. 그래서 우리는 자연스럽게 이 사건을 '윤석열 사태', 혹은 '12.3사태'라고 부른다.

미청산의 역사, 되살아난 망령

12.3사태는 전두환을 제대로 단죄하지 못하고 자연사하게 만든 한국 현대사의 미완이 되살아난 결과다. 과거를 청산하지 못하면 역사는 반복된다. 권위주의의 망령은 형태만 바꿔 다시 돌아온다. 정치 성향이 다르다는 이유로 상대를 파괴의 대상으로 간주하고, 힘으로 억압하고 박해하던 시대의 발상이 2024년에 되살아난 것이다.

'지난 역사를 청산하지 않으면 반드시 되풀이된다.'

이 말은 경고가 아니라 사실이다. 헌법을 어긴 자는 누구든 그에 상응하는 벌을 받아야 한다. 이 원칙이 무너질 때, 정의는 사라지고 사회 통합은 불가능해진다.

정보 왜곡이 만든 시스템 오작동

왜 이런 일이 반복될까. 노버트 위너는 말한다.

"정보의 오류는 시스템의 오작동을 초래한다."

12.3사태는 정보 오류와 왜곡이 만든 사회적 시스템 오작동의 전형이다. 유튜브를 중심으로 전파된 가짜 정보에 장기간 노출된 결과, 2025년 대한민국에서조차 '북한 공산세력과 결탁한 반국가 세력'이 차고 넘친다고 믿는 사람들이 생겨났다. 윤석열이 극우 유튜브의 영향권에 있었다는 사실은 공공연한 비밀이다. 좌파 박해의 역사는 언제나 정보 왜곡과 함께 작동해 왔다. 4.3제주, 5.18광주 역시 그러했다.

12.3사태는 '질서국가'로 가는 징검다리가 될까

김형석(연세대 명예교수)은 조선일보와의 인터뷰(2024년 12월 14일)에서 "지금 우리나라는 권력국가와 법치국가를 지나 질서국가로 가려고 하는 문턱에서 좌절했다"라고 말했다. 그는 이승만 정부에서 군사정부까지를 권력국가로 보았다. 군사정부 이후를 법치국가로 평가했다. 이는 윤석열 정부까지 법치국가로 본 셈이다. 그는 12.3사태 직후 대한민국을 법치국가에서 질서국가로 가는 문턱에서 좌절한 사회라고 주장했다.

그러나 나는 그의 주장에 동의하는 것과 동의하지 않는 것이 있다. 12.3사태가 우리 사회가 무언가에 의해 좌절을 겪고 변화하는 변곡점이 된다는 것엔 동의한다. 하지만 그가 말한 국가 변화의 분류방식(권력국가-법치국가-질서국가)엔 동의할 수 없다. 그것은 다분히 국가권력 입장의 시각이다. 이는 국가 변화의 흐름을 주도하는 것이 지도층이고 정부라는 시각으로서, "대한민국의 모든 권력은 국민으로부터 나온"다는 헌법정신에 반하지 않는가.

그가 말한 질서국가는 플라톤의 이상국가처럼 보일 수 있으나, 철학적 계보는 오히려 칸트적 도덕국가에 가깝다. 이는 시민 개개인의 양심과 도덕성이 사회 질서를 떠받칠 수 있다는 전제를 깔고 있다. 그러나 12.3사태는 그 전제가 얼마나 위험한 가정인지를 여실히 보여준다. 인간은 언제든 자신의 이익을 위해 권력을 오용할 수 있으며, 따라서 질서는 도덕이 아니라 제도와 견제 위에 세워져야 한다.

리처드 도킨스가 말한 대로 인간은 유전자 자체가 이기적이다. 그래서 더더욱 국가권력조차 사적 안위를 위해 남용될 수 있다.

내가 사는 동네에 '쓰레기 분리배출 장소'가 있다. 도로 주변이라서 별의별 사람들이 아무렇게나 쓰레기를 버리고 갔다. 이에 안성시청에서는 CCTV를 설치하고, 불법쓰레기 투척에 대한 처벌 경고문 현수막을 게시했다. 한동안 쓰레기 배출상태가 괜찮더니 웬걸, 또 엉망이 되었다. 이유는 이렇다. CCTV를 달긴 했지만, 불법쓰레기를 투척해도 적발하여 처벌하지 않으니 사람들은 괜찮나 보다 싶어 옛날 행위로 돌아간 것이다. 이에 나는 시민정신을 발휘하여 구체적인 불법쓰레기를 안성시청에 고발했고, 그 범인은 과태료를 물었다. 이 일 이후에 쓰레기 배출상태는 거짓말처럼 좋아졌다.

곧 올 질서국가는 '민주적 질서'와 '좌파적 질서'가 주도하는 사회

이번 사태는 개인의 선의나 도덕성에 기대는 사회가 아니라 제도적 견제와 개입, 즉 좌파적 가치가 전제되어야 사회가 유지될 수 있다는 사실을 분명히 보여주었다. 헌법재판소가 정상적으로 작동하며 권력의 폭주를 제어해 낸 것이 그 가장 분명한 증거다.

내가 보기에 김형석이 말한 지난 시절의 국가, 곧 권력국가와 법치국가는 모두 우파적인 질서가 주도해 온 사회였다. 시장의 자율, 경쟁, 질서와 통제를 핵심 가치로 삼아온 질서였다. 이제 앞으로 도래할 질서국가는 내가 예측하기로는 결국 좌파적인 질서가 주도하는 사회일 수밖에 없다. 약자와의 연대, 불평등을 완화하기 위한 분배, 그리고 공공성을 핵심 가치로 삼는 질서 말이다.

12.3사태 이전까지의 한국 사회는 치열한 민주적 공론의 축적 결과로 만들어진 사회라기보다는, 권력 다툼에서 승리한 세력이 일방적으로 설계해 온 사회에 더 가까웠다. 그 과정에서 국민은 주권자라기보다 동원되거나 배제되는 존재로 취급되었고, 좌우의 색깔은 서로를 적으로 규정하는 도구로 소비되었다.

이제 질문은 이것이다. 우리는 이 새로운 질서를 혼자가 아니라 같은 배를 탄 공동체로서 함께 만들어갈 수 있는가. 권력 다툼의 승자가 아니라 진정한 주권 세력인 국민이, 좌우 색깔로 나뉜 팀이 아니라 동일한 팀의 운명을 공유하며 앞으로 나아갈 수 있는가. 이 질문에 대한 답을 다음 장에서 이야기해 보고자 한다.

12장

좌우의 공통분모는 민주주의
_동일한 팀의 운명

"장군! 수나라의 '백만대군'이 쳐들어왔습니다!"

612년, 수양제는 113만 명의 대군을 이끌고 고구려를 침공했다. 이때 고구려의 병력은 5~10만 명이었다. 10만 명으로 보면, 11.3배의 병력이 고구려를 멸망시키러 쳐들어온 것이다. 이 싸움을 사자성어로 표현하면 중과부적(衆寡不敵)이다. 인문학계의 전문용어(?)로는 '계란으로 바위 치기'다. 하지만, 을지문덕은 살수대첩을 일궈냈다. 수나라는 전쟁종료 6년 후인 618년에 멸망했다. 갑작스럽게 고구려사를 언급한 이유는, 계속 읽어가다 보면 알 수 있지만 이 장의 마지막 부분에서 더 확실하게 알 수 있다.

우리는 왼쪽과 오른쪽을 담당하는 국가대표들이다

좌파와 우파를 다른 말로 '좌익'과 '우익'이라고 한다. 우리 사회에선 한때 좌익과 우익이란 말, 특히 좌익이란 말이 금기시되었다. 좌익과 빨갱이가 동일시되었다. 이로 인해 좌익이란 말뿐만 아니라 상대개념인 우익이란 말도 옛말이 되어버렸다. 하지만 2026년 오늘 내가 우리에게 잊혀간 단어, 좌익과 우익을 소환하는 이유는 단 하나다. 리영희의 저서 《새는 좌우의 날개로 난다》(1994)를 굳이 소환하려고 하는 것은 아니다. 하지만 이 고전적인 비유만큼이나 좌우가 서로 한 팀이라는 걸 적절하고 절실하게 표현할 수 있을까 싶다.

좌익과 우익을 한글로 표현하면 '왼쪽 날개'와 '오른쪽 날개'다. 말 그대로 좌파는 새의 왼쪽 날개이고, 우파는 새의 오른쪽 날개다. 다른 새가 아니라 동일한 새의 양쪽 날개다. 그 새의 이름은 다름 아닌 '대한민국'이다. 좌익과 우익을 영어로 표현하면 Left Wing(LW)과 Right Wing(RW)이다. 이 용어는 축구팀의 포지션과 동일하다. 좌익과 우익을 한자 그대로 사용한다고 하면, 야구에서 좌익수와 우익수를 떠올리게 된다. 그렇다. 좌우 모두 대한민국 국가대표 선수들이다. 결코 왼쪽만으로도 또는 오른쪽만으로도 국가대표팀이 상대 팀을 이길 수 없다. 좌든 우든 서로 필요로 하는 운명공동체다.

그럼에도 좌우를 구분하는 이유

2025년 5월 16일, 국민의힘에서 탈당한 국회의원 김상욱은 전북 익산역 광장에서 열린 이재명 후보 유세현장에서 의미심장한 말들을 쏟아냈다. 그는 "현재 정치인들이 너무나 쉽게 정치를 하고 있다. 일은 제대로 하지 않고, 좌우 진영을 갈라놓고 자기 진영을 강화하고 상대 진영을 깎아내리는 것만 함으로써 자신의 위치를 굳건히 한다"라는 취지의 말을 했다. 이어서 그는 "좌우는 진영이 아니라 기능과 역할"이라는 촌철살인을 날렸다.

그 견해에 200% 동의한다. 그렇다. 좌우 구분이 필요한 이유는 각자의 '기능과 역할'을 분명히 하여 제대로 된 '기능과 역할'을 하기 위해서다. 좌우의 기능과 역할은 마치 자동차의 핸들과 브레이크와 같다. 그렇다면 누가 핸들이고 누가 브레이크일까. 그렇다. 좌가 핸들이고 우가 브레이크다. 좌파(핸들)는 방향전환, 변화, 개혁을 외친다. 우파(브레이크)는 속도를 조절하고 위험을 경계한다. 이때도 변함없는 사실은 둘 다 자동차의 주요 지체이며 곧 자동차 자체라는 점이다. 핸들만 있으면 차는 움직이지 못하고, 브레이크만 있으면 제자리다. 함께 있어야 제대로 달리고 멈춘다. 브레이크와 핸들은 기능과 역할이 분명히 다르면서 상호보완적이다.

좌우의 장단점을 보니 상호 보완관계는 더 분명해져

너무나 적절한 비유였지만 추상적인 이 표현을 구체적으로, 표로 나타내면 다음과 같다. 표에선 양측의 장단점을 나열함으로써, 자연스레 좌우의 기능과 역할을 나타냄과 동시에 얼마나 상호보완적인지를 알려주고 있다.

우파의 장단점(우파의 기능과 역할)		
구분	장점	단점
시장 경제	- 자유시장과 경쟁 강조로 효율성과 혁신 촉진	- 양극화 심화 - 대기업·자본 편중 우려
재정· 복지	- 작은 정부, 효율적 재정 운용 지향 - 자율성 중시	- 사회안전망 약화 - 취약계층 방치 가능성

법과 질서	- 법치주의와 질서 유지 중시 - 사회 안정 기여	- 권위주의적 통치로 흐를 위험 - 개인의 자유 억압 가능성
전통 가치	- 가족, 국가, 종교 등 전통 질서 존중 - 정체성 유지	- 시대 변화에 둔감 - 다양성·창의성 억제 가능성
자율성 강조	- 개인 책임과 자립 강조 - 창업·기업 활동 장려	- 약자에 대한 사회적 연대 부족 - 경쟁의 피로 유발
국익 중심 외교	- 실용주의적 접근으로 국익 극대화 시도	- 국제적 연대 부족 - 인권·도덕 외교 경시 비판
문화 교육	- 규율과 책임 강조 - 교육의 목표와 성취도 중시	- 창의성 저해 - 위계적 사고 조장 가능성
정책 지속성	- 점진적 변화와 안정적 운영 - 사회 혼란 방지	- 변화에 소극적 - 구조적 문제에 대한 대응력 부족

좌파의 장단점(좌파의 기능과 역할)

구분	장점	단점
사회 정의	- 약자 보호 및 평등 실현에 앞장섬 - 인권과 다양성 존중	- 지나치게 피해자 중심적 사고로 현실 왜곡 우려
복지 정책	- 보편적 복지와 공공서비스 확대 - 불평등 해소에 기여	- 과도한 재정 부담 - 복지의 지속가능성 논란
경제 정책	- 분배 중시, 노동자 권익 보호 - 임금 격차 완화 효과	- 생산성과 효율성 저하 우려 - 민간 경제활력 위축 가능성
교육·문화	- 포용적이고 열린 교육과 문화 - 다양성 존중	- 전통 가치 및 질서에 대한 무시 - 상대주의 확산 우려
기후·환경	- 기후위기 대응에 적극적 - 지속가능성 중시	- 급진적 환경 규제가 산업계에 부담이 될 수 있음

정책
방향성
	- 사회 개혁과 구조 변화에
	  적극적
		- 지나친 이상주의적 접근으로
		  실현 가능성 낮을 수 있음

소수자 정책	- 성소수자, 이주민 등 소외 계층 보호에 앞장섬	- 다수 대중과의 충돌 우려 - 정체성 정치 과잉 비판 있음

국제
주의
	- 세계시민적 연대와 국제적 인권
	  보장 중시
		- 자국 이익 경시
		- 현실 외교에 비효율적일 수
		  있음

좌우는 인간이 살아남기 위해 고안한 균형 장치

2014년 하버드대학과 옥스퍼드대학은 공동연구 결과, 인간의 정치 성향은 유전자적 요인과 환경 요인의 혼합 결과라고 발표했다. 여기서 환경요인은 우리가 익히 인지하고 있지만, '유전자적 요인'이란 발표는 신선하다. 이 발표에 따르면 좌파 성향은 높은 공감능력이 특징이고, 우파 성향은 높은 위험감지능력과 질서추구능력이 특징이라는 것이다. 이 발표는 '즉, 좌우는 인간 사회의 본능적 균형 장치이며 양쪽이 함께 있어야 사회가 스스로를 조절할 수 있다'라고 말해주고 있다.

여기서 주목할 단어는 바로 '유전자적 요인'과 '본능적 균형 장치'다. 그렇다. 도킨스가 말한 인간의 '이기적인 유전자'는 오로지 자신의 관심사가 '자신이 살아남는 것'에 있다고 했다. 그런 측면에서 인간의 유전자는 이기적이라는 것이다. 그런 이기적인 유전자가 자신이 살아남기 위해서 본능적으로 만든 균형 장치가 바로 '좌우'라는 것이다. 그래야 살아남으니까. 그랬다. 인간(인간이 만든 사회)이 고안한 '좌우'는 실은 기능과 역할을 위해서 만든 것을 넘어서 자신(사회)이 생존하기 위해 만든 존재가 아닌가. 그러니 좌우의 차이를 제거하려는 사회는, 사실상 사회 스스로의 생존 장치를 파괴하는 셈이다.

좌우 성향, 유전자의 영향이 있었다

이러한 사실을 좀 더 구체적으로 연구한 결과를 살펴보자. 2011년 런던대학교(UCL)의 연구에 따르면, 보수주의자(우파)들은 위협 감지와 관련된 편도체(amygdala)가 더 크고, 진보주의자(좌파)들은 갈등 해결과 새로운 정보 처리에 관여하는 전측 대상피질(anterior cingulate cortex)이 더 크다는 결과가 나왔다. 이러한 차이는 대체로 우파들은 위험과 불확실성에 더 민감하고 좌파들은 변화와 다양성에 더 개방적일 수 있음을 시사한다.

2008년 〈사이언스〉지에 케빈 스미스는 흥미로운 연구결과를 내놓았다. 그는 네브래스카주의 성인 참가자 46명을 대상으로 실험을 했다. 참가자의 정치적 성향은 설문으로 파악했다. 이 실험에서 그는 두 가지 생리적 반응을 측정했다. 피부 전도 반응(자극에 대한 자동적 땀 반응)과 놀람 반사 반응(갑작스러운 큰 소리 자극에 대한 근육 반응)을 살폈다. 그 결과, 위협적 이미지에 대해 훨씬 강한 생리적 반응을 보인 것은 우파 성향의 사람들이었다. 반면, 좌파 성향의 사람들은 위협 자극에 대한 반응이 비교적 낮거나 유연했다.

스미스는 우파 성향의 사람들은 외부 위험, 불안, 질서 붕괴에 더 민감하고, 그러기에 '안보, 전통, 규범 유지'라는 성향을 가지고 있다고 했다. 반면 좌파 성향의 사람들은 갈등, 복잡성, 새 정보에 대해 인지적으로 더 유연하게 대처하는 경향을 보였다. 이들은 인지적 유연성, 갈등 처리 능력, 오류 감지 능력이 높은 것으로 나타났다.

나는 이것을 보면서 "더도 말고 덜도 말고, 딱 우리 부부"라고 무릎을 쳤다. 아내는 항상 "가구가 고장나지 않게 미리 잘 살펴!"라고 잔소리하고, 난 항상 "꼭 그렇게까지 해야 해?"라며 투덜대는 게 일상이다. 이 외에도 참 많은 스토리가 있지만 생략하겠다. 하여튼 나는 좌파 성향, 아내는 우파 성향. 이러니 내가 이 책을 세상에 내겠다고 했을 때 아내가 얼마나 마음을 졸였겠는가. 그럼에도 아내는 "헤어질 수 없으니 따라야지"라며 내 뜻을 존중해주었고, 우리는 지금까지 행복하게 잘 살고 있다.

그럼에도 좌우 성향은 유전자와 환경이 만든 작품

2005년 알포드, 펑크, 히빙(Alford, Funk, Hibbing)의 유명한 쌍둥이 연구는, 정치성향이 사회적 학습이나 계급적 조건만으로 형성된다는 기존 가설에 도전하는 연구였다. 그들은 약 8천 쌍 이상의 미국 쌍둥이를 분석한 결과, 개인의 정치적 태도 중 약 40%가 유전적 요인에 기인할 수 있다고 발표했다. 그들은 위험 회피 성향이 강한 사람은 전통적·보수적 가치에 더 끌릴 수 있고, 도전 지향성이 강한 사람은 개혁적·진보적 가치에 더 끌릴 수 있다는 결과를 세상에 내놓았다. 특히 낙태, 동성혼, 안보, 사형 등 사회문화적 이슈에 대한 태도는 유전적 영향이 크며(약 40%), 반면 복지나 세금 같은 경제적 이슈는 주로 환경에 의해 형성된다고 했다(약 60%). 이는 정치적 다양성이 단순한 견해 차원이 아닌 인간 본성의 일부일 수 있음을 시사했기에 충격적이었다.

주목할 점은 이것이다. 일란성 쌍둥이(유전자가 100% 같음)라 하더라도 서로 다른 환경에 노출되면 정치 성향이 달라질 수 있다는 것이다. 타고난 위험 회피 성향이 우파적 가치로 이끌 수는 있지만, 환경에 따라 좌파 성향이 될 수도 있다. 즉, '좌우 유전자'가 따로 존재한다는 편견을 넘어서 정치 성향은 유전자와 환경이 함께 작용한 결과임을 보여준다.

왜 사람들은 좌우를 같은 팀으로 보지 않으려 할까

그런데 이렇게까지 구구절절 '좌우는 하나이며, 서로 상호보완적 관계'라고 온 우주가 알려주는데 왜 우리는 서로 못 잡아먹어서 안달일까. 사람들은 왜 좌우를 같은 팀으로 보지 않으려 할까? 다음 여섯 가지 정도의 이유인 듯하다.

1. 진영 논리와 정체성 정치: 김상욱 의원이 말한 것처럼 진영 논리에 사람들이 매몰되어 있다. 사람들은 자신이 속한 이념 집단을 자신의 정체성이라고 판단한다. 상대 진영이 단순히 의견만

다른 것이 아닌, 자기 존재를 위협하는 적으로 느껴지게 된다.

2. '도덕적 확신'의 함정: 1번의 진영 논리는 '나는 정의롭고, 너는 불의하다'라고 굳게 믿는다. 이 도덕적 우월감은 타인을 설득하는 게 아니라 비난하고 배제하는 무기로 변질되기 쉽다. 상대 진영은 '다른' 게 아니라 '악'으로 간주된다.

3. 미디어와 알고리즘의 분열 구조: 오늘날의 미디어는 '양쪽 다 들려주기'보다 '내 편 강화'에 집중한다. 특히 소셜미디어 알고리즘은 유사한 생각만 계속 보여주며 '우리는 옳고, 저들은 미쳤다'라는 환상을 강화한다. 이로 인해 상대방을 이해할 기회조차 사라진다.

4. 정치권의 '분열 정치' 전략: 정치는 표를 얻기 위해 갈등과 공포를 자극하는 언어를 사용한다. "그들이 집권하면 나라 망한다" 같은 구호는 국민을 하나로 모으는 게 아니라 적을 상정해 내부 결집을 꾀하는 방식이다. 이로 인해 유권자들은 서로를 민주주의의 동료가 아닌 적대 세력으로 인식하게 된다.

5. 집단 편향과 흑백논리라는 심리적 요인: 인간은 본능적으로 '우리'와 '그들'을 구분하고 소속감을 통해 안전함을 느끼는 존재다. 이때 상대방을 단순화하여 자신의 존재를 위협하는 존재로 인식하게 만든다. 정치 성향이 강할수록 인지 부조화를 견디지 못하고 다른 의견을 불편한 진실이 아닌 적으로 낙인찍게 된다.

6. 역사적 경험과 상처: 특정 정치적 사건(5.18광주, 4.3제주)은 좌우

양쪽 모두 트라우마를 남긴다. 가해를 한 쪽도 두려움에 떨고, 피해를 당한 쪽도 두려움에 떤다. 이런 경험은 상대 진영 전체에 대한 깊은 불신과 분노를 낳는다. 이때 좌우는 협력의 대상이 아닌, 반드시 '정리'해야 할 과거의 상처로 인식된다.

다시 말하거니와 12.3사태가 이래서 발생했다. 여기서 여섯 가지 이유 중 결정적인 요소 두 가지를 들라고 하면, 바로 3번과 4번이라고 하겠다. 미디어와 정치권은 좌우를 분열시키고 조장하여 싸우게 만들고는 권력을 유지하고, 돈을 벌었다. 12.3사태가 다시 일어나지 않게 하려면, 정치권과 미디어를 정화하는 것은 필수적인 숙제다. 여기서 정치권이라고 하면 국회와 행정부 등은 물론이고, 검찰도 포함된다. 한국 검찰이 그동안 정치에 무수히 개입하여 권력을 휘둘러왔기 때문이다. 우리 한국 사회에 곧 올 다음 세상은 이 문제를 꼭 예의 주시하여 제도 개혁을 해야 한다.

'갈등은 자연스러우나 적대는 선택이다'

어쨌든 앞의 여섯 가지 이유 등을 보면서 우리는 이런 결론을 얻을 수 있다. '갈등은 자연스러우나 적대는 선택이다'라고. 좌우가 달라도 너무 다르니 갈등은 자연스럽다. 어느 정도 다툼이 발생하는 것은 자연스럽다. 우리 부부가 그래왔듯이. 하지만, 상대를 적대시하는 것은 결국 우리들이 선택한 결과다. 그것이 비록 정치권과 미디어가 부추겼다 할지라도 말이다. 바꿔 말하면, 우리가 노력하고 제도적으로 견제와 감시를 한다면 그러한 선택을 할 확률이 낮아진다.

좌든 우든 3원칙은 반드시 지켜야 한다

이런 걸 가능케 하는 제도가 바로 민주주의다. 민주주의의 근간은 '다양성'에 있기 때문이다. 이 장의 제목을 '좌우의 공통분모는 민주주의'라고 한 이유다. 좌든 우든 이 핵심가치 아래에서 공생하기도 하고 때론 다투기도 해야 한다. 12.3사태의 주인공인 윤석열은 이 핵심가치를 훼손했기에 헌법재판소로부터 파면을 당했다.

그래서 좌든 우든 다음의 세 가지는 기본원칙으로 삼아야 한다. '합리적일 것, 공공적일 것 그리고 민주적일 것' 등이 그것이다. 좌든 우든 '합리성과 공공성 그리고 민주성'을 상실하면 곧바로 벌을 주어야 한다. 특히 민주성을 훼손하는 것에 대해선 엄격하게 처벌해야 한다. 그것은 대한민국의 근간을 흔드는 반사회적 행위 즉 '민주주의에 대한 반역'이기 때문이다.

'한국호'가 풍전등화인데, 내부분열은 망국의 지름길

내가 이토록 절박하게 외치는 것은 우리 대한민국호가 지금 풍전등화이기 때문이다. 경제전문가 김정호 교수(서강대)는 자신의 유튜브 채널 '김정호의 경제TV'에서 "한국경제 위기의 징후 터졌다, 진짜 무서운 게 오고 있습니다"라는 내용을 설파했다. 이 강의에서 그는 한국경제의 구조적 취약성이 경제위기를 불러왔다고 역설했다.

그가 제시한 '한국경제의 위기를 불러온 여섯 가지 이유'는 1. 과도한 가계부채와 부동산 리스크, 2. 글로벌 금리 인상과 유동성 축소, 3. 수출 경쟁력 약화와 산업 구조의 취약성, 4. 고령화와 저출생으로 인한 성장 잠재력 감소, 5. 정치적 불확실성과 정책 대응의 한계 등이다.

이 중 5번 이유는 12.3사태로 인해 가중되었다. 실제로 12.3사태 기간 동안 한국경제는 곤두박질쳤고, 이것을 회복하려면 상당히 많은 에너지가 소요된다. 제2의 IMF사태가 올 수도 있다는 우려가 우리 사회에서 공공연히 떠돌고 있다. 그도 그럴 것이, 미국은 트럼프의 '자국 우선주의'라는 핵폭탄을 우리에게 터뜨렸고, 한국이 잘하던 '인재와 기술을 활용한 산업 활성화'는 중국이 가로채어 앞서나가고 있고, 일본은 일제강점기의 군사침략 대신 경제침략을 호시탐탐 노리고 있다. 미국의 '신미양요'와 중국의 '병자호란' 그리고 일본의 '임진왜란'은 아직도 진행형이다.

이렇게 한국호가 지금 위태위태한데, 내분으로 에너지를 소진한다면 결과는 뻔하다. 중국의 역사 속에서 수많은 국가가 흥망성쇠하였다. 그 수많은 망국에 공통점이 하나 있다. 겉보기엔 외부의 침략이 원인인 듯 보이지만, 속을 들여다보면 하나같이 '내부분열'이 직접적인 원인이었다. 12.3사태가 헌법재판소의 판결로 그나마 빨리 정리되어 천만다행 아닌가. 더 나갔다면 한국호가 어찌 되었을까 생각하니 아찔하다.

맨 앞에서 말했던 수나라와 고구려의 11.3대 1의 싸움에서 고구려의 승리 비결은 역시 '고구려 내부결속'이었다. 역으로 100만 대군을 자랑했던 수나라는 고구려 침공에 실패해서가 아니라 그로 인해 내분이 생겨 망했다. 지금 우리 사회는 수나라 100만 대군 앞에 선 고구려 10만 병력의 상황이다. '좌우 결속'은 생존의 필수전략이다. 우리는 이제 좌우를 넘어서 이렇게 외칠 수 있었으면 좋겠다. 이런 외침이 보편적인 사회가 되기를 기대해 본다.

나는 좌파고, 너는 우파다.

하지만 우리는 같은 팀이다.

우리는 모두 한국 팀이다.

13장

12.3사태에서 튀어나온 극우의 좌파몰이
_극단의 위험성

대한민국 역사에서 계엄령은 총 17회이며, 이 중 경비계엄은 4회이고, 비상계엄은 13회다.

	대한민국 계엄령 역사 (출처 : 위키백과)			
	구분	선포일	해제일	주요 내용
1	비상계엄	1948.10.21.	1949.2.5.	여수·순천 사건
2	비상계엄	1948.11.17.	1948.12.31.	제주 4.3항쟁
3	비상계엄	1950.7.8.	1950.12.6.	한국전쟁
4	경비계엄	1950.11.10.	1950.12.6.	한국전쟁
5	비상계엄	1950.12.7.	1951.4.7.	한국전쟁
6	경비계엄	1951.3.23.	1952.4.7.	한국전쟁
7	비상계엄	1951.12.1.	1952.4.7.	한국전쟁
8	비상계엄	1952.5.25.	1952.7.28.	부산 정치 파동
9	경비계엄	1960.4.19.	1960.4.19.	4.19혁명
10	비상계엄	1960.4.19.	1960.6.7.	4.19혁명
11	비상계엄	1961.5.16.	1962.5.27.	5.16군사정변
12	경비계엄	1961.5.27.	1962.12.5.	5.16군사정변
13	비상계엄	1964.6.3.	1964.7.29.	6.3항쟁
14	비상계엄	1972.10.17.	1972.12.13.	10월 유신
15	비상계엄	1979.10.18.	1979.10.27.	부마민주항쟁

| 16 | 비상계엄 | 1979.10.27. | 1981.1.24. | 10.26사태 / 5.18광주항쟁 |
| 17 | 비상계엄 | 2024.12.3. | 2024.12.4. | 12.3사태 |

17회 계엄령 중 12.3계엄령이 특별한 점

표에서 본 바와 같이 2024년 12.3계엄령은 여러 면에서 특별하다. 16회 비상계엄 이후 45년 만에 이루어졌다는 점, 계엄선포일과 해제일이 최단기간(1일)이라는 점, 대부분의 계엄령은 선포 이유가 분명하거나 조짐이 있었으나 12.3계엄은 그야말로 '맑은 날의 벼락' 같았다는 점 등이다. 요즘 말로 '갑툭튀(갑자기 툭 튀어나옴)'가 따로 없다.

좌파몰이 계엄령 총 4회, 12.3사태는 그중 하나

미국의 싱크탱크 CSIS(Center for Strategic and International Studies, 전략국제문제연구소) 보고서는 한국을 계엄령을 17회 선포한 주요 계엄령 국가로 분류했다. 나라의 역사와 규모에 비해 계엄령 횟수가 세계에서 상위권을 차지한다고 보았다.

앞의 표에서 주목할 점은 '좌파몰이' 메커니즘이 개입된 계엄령이 총 4회라는 것이다. 1948년 여수·순천 사건, 1948년 제주 4.3 항쟁, 1980년 5.18광주민주항쟁 그리고 2024년 12.3사태 등이 그것이다. 12.3사태를 제외한 세 사건은 실제로 시민들이 좌파로 몰려 대량 학살을 당했다. 하지만 12.3사태 역시 같은 목적을 가졌으나 시민학살은 발생하지 않았다. 우리 역사에서 있었던 네 차례의 대형 '좌파몰이 사건'은 모두 극우적 폭력의 성격을 띠고 있다. 이는 상대를 국민으로 인정하지 않고 색깔을 씌워 적으로 규정한 뒤 제거하는 방식이었다.

학살은 일어나지 않은 게 아니라 일어나지 않게 한 것

그럼에도 윤석열이 주장한 것처럼, 12.3사태엔 시민학살이 하나도 없었고 제대로 실행되지도 않았기에 아무 일도 없었다고 하는 것은 설득력이 없다. 윤석열 측 계획이 실제 실행되었다면, 바로 국민적 저항으로 이어진 후 1980년 5.18광주에서처럼 시민학살로 이어졌을 것이다. 무엇보다 계엄령이 제대로 실행되지 않은 것이 윤석열이 스스로 멈춰서가 아니라는 것이다. 장갑차를 막아선 시민, 군인들을 제재한 시민, 계엄령 해제를 가결한 국회의원 그리고 부당한 계엄령을 적극적으로 실행하지 않고 소극적으로 시늉만 했던 지휘관과 병사들이 그 계엄령을 멈추게 했다. 이로 보건대 계엄령 학살은 일어나지 않은 게 아니라 일어나지 않게 한 것이다. 그것은 헌법재판소의 '윤석열 대통령 탄핵심판 결정문'에 다음과 같이 분명하게 명시되어 있다.

"비상계엄에도 불구하고 저항한 시민들과 소극적으로 임한 군인들에 의해서 계엄은 해제되었다."

이것은 대한민국에 공공성이 죽지 않고 살아있다는 증거다(이 부분은 다음 장에서 좀 더 상세하게 다루겠다).

12.3사태가 쏘아 올린 '극우'에 대한민국이 흔들렸다

2024년 12월 3일의 윤석열 사태는 한국 민주주의의 한 전환점으로 기록될 사건이다. 이는 단순한 정권 차원의 문제가 아니었다. 이 사건은 한국 사회 곳곳에 잠재해 있던 극단의 정치적 정서가 한꺼번에 분출하는 계기가 되었다. 극우적 정치 담론과 행동이 공적 공간을 점령한 순간이었다(이 책은 극우적 공간을 민주적 공간으로 옮겨오고자 쓰게 되었다). 공적 공간을 점령한 '극우적 정치 담론과 행동'이란 상대방을 대화의 상대로도, 국민으로도 배제하는 일련의 담론과 행동이다. 이것은 '좌파몰이 역사의 망령의 재현'을 말한다. 12.3사태가 쏘아 올린 공 때문에 우리 사회는 극단으로 치달았다. 거리 집회와 온라인 커뮤니티에서는 민주적 절차를 부정했다. '법치'와 '안보'를 내세우면서도 사실상 상대 세력을 '국민에서 배제'하는 언어가 넘쳐났다. 일부 세력은 비판 세력을 '빨갱이' 또는 '매국노'로 몰아붙이며 합리적 토론을 봉쇄했다. 이로 인해 좌우 모두 흔들렸다. 민주주의가 흔들렸다. 대한민국이 흔들렸다.

극우가 촉발한 12.3사태의 세 가지 사회 현상

12.3사태는 극우를 대한민국에 전면화시켰다. 그 현상은 다음 세 가지다.

첫째, 정치 불신의 전면화다. 대통령과 정권의 위기가 곧 민주주의 제도 전체에 대한 불신으로 번졌다. '헌법은 무력하다', '민주주의는 허울일 뿐'이라는 주장이 불신을 조장했다. 대표적으로 '부정선거 음모론'이 큰 역할을 했다. 이는 제도 민주주의를 부정하는 극우적 태도를 강화했다. 서부지법을 공격함으로써 보수의 핵심가치(공권력과 질서유지)를 뿌리째 흔들었다.

둘째, 적대 정치의 심화다. 12.3사태 이후 반대 진영을 향한 언어는 '정치적 경쟁자'가 아니라 '적'이라는 표현으로 채워졌다. '좌파 척결'이라는 구호는 단순한 정권 유지 논리가 아니라, 반대 세력을 국민 범주에서 배제하는 극우적 사고의 전형이었다. 그 결과, 윤석열 탄핵 이후 '내란 종식, 내란 공범과 극우 척결'이라는 사회적 이슈에서 '대화와 타협'이라는 민주적 핵심방식이 설 자리를 잃었다. 이게 모두 다 극우가 쏘아 올린 공 하나 때문에 벌어진 일이다.

셋째, 대중 동원의 방식 변화다. 극우는 오랫동안 인터넷 커뮤니티나 일부 집회에서만 강하게 존재감을 드러냈다. 그러나 12.3 사태 이후에는 극우 담론이 보수 정치권과 결합하면서 제도 정치로 흡수되었다. 온라인에서의 혐오 담론이 거리 시위와 제도 정치 언어로 전환된 것이다. 이로써 극우는 주변부 집단이 아니라 한국 사회의 '공론의 장'에서 중요한 위치를 점하게 되었다. 일례로 윤석열은 대통령 현직에 있으면서도 극우 유튜브의 열혈 시청자였다. 지금도 '부정선거 음모론의 전도사' 전한길은 보수정당의 핵심권력에 가까이 가 있다.

따라서 12.3사태는 극우가 단순한 소수 의견이 아니라 정치적 위기 속에서 대안으로 부상하는 경로를 열어준 사건이었다. 이것이 바로 우리가 극우 문제를 심각하게 받아들여야 하는 이유다.

좌파몰이의 메커니즘과 대한민국 정치

위 세 가지 현상 중 내가 주목하고 싶은 부분은 '적대 정치의 심화'다. 그 뿌리는 좌파몰이의 역사에서 비롯된다. 5장에서 언급한 국회의원 김상욱의 지적을 다시 소환해 보겠다. 그는 이렇게 말했다.

"현재 정치인들은 너무나 쉽게 정치를 하고 있다. 일은 제대로 하지 않고, 좌우 진영을 갈라놓으며 자기 진영을 강화하고 상대 진영을 깎아내리는 방식으로 자신의 위치를 굳건히 한다."

한국 정치가 앞으로 한 발짝도 나아가지 못한 이유가 여기에 있다. 편을 갈라놓고 싸우는 것 자체는 민주주의에서 자연스러운 일이다. 그러나 상대 진영을 제거하고 깎아내려 반사이익을 얻는 방식은 심각한 문제다. 나는 이를 '좌파몰이 정치술'이라고 부른다. 정치권만의 문제가 아니다. 유권자들 또한 '무조건 이기고 보자'라는 식으로 암묵적으로 동조하며 이 메커니즘을 강화했다. 선거 때마다 정책이나 가치보다 '저 사람은 안 된다'라는 상대 제거가 투표의 중심 동기가 되었고, 결과적으로 건강한 공론의 장은 형성되기 어려웠다.

사실 내가 독자로부터 양비론자로 오해받을 위험을 각오하고도 굳이 극우와 극좌를 같이 논하는 것은 바로 이 대목 때문이다. 실제로 우리 사회에서 양 진영의 극단적인 행위로 인해 건강한 공론의 장이 약화된 게 사실이다. 이처럼 상대를 제거하는 데 정치력을 소모하는 좌파몰이 메커니즘에서 소위 좌파도 결코 완전히 자유롭지 않았다. 나는 이 메커니즘을 정치판과 선거판에서 상대를 배제하고 우위를 점하는 일련의 정치술로 정의한다. 좌우를 막론하고 이러한 구조적 행위는 극단적 현상으로 청산해야 할, 색깔론 정치의 본질이다. 12.3사태는 이러한 메커니즘이 우리 사회에 뿌리내려 있음을 직시하고 청산해야 함을 보여주는 신호였다.

극단현상이 나타나는 세 가지 요인

그렇다면 왜 사람들은 극단에 치우치는가? 앞 장에서 사람들이 왜 '한 팀'으로 보지 않으려 하는지를 여섯 가지 이유로 살펴봤다면, 그 비슷한 요인이 어떻게 '불신'에서 '극단'으로 전환되는지를 세 가지로 살펴보려 한다.

첫째, 심리적 요인이 있다. 사회가 불안하고 미래가 불투명할수록, 사람들은 단순하고 분명한 해답을 찾는다. 극우는 '적을 몰아내면 된다'라고 주장하고, 극좌는 '혁명으로 새 세상을 만들자'라고 외친다. 복잡한 현실 속에서 이런 단순한 해답은 매혹적으로 들린다. 또한 소속감이 위협받을 때 사람들은 강력한 지도자나 혁명적 공동체에 매달리며 심리적 안정을 찾는다.

둘째, 사회적 요인도 크다. 경제적 불평등과 제도 정치에 대한 불신이 심화되면 사람들은 제도적 해법보다 극단적 대안을 찾는다. 인터넷과 SNS의 확산은 극단 담론을 빠르게 증폭시킨다. 자극적 언어는 쉽게 퍼지며, 사람들은 그 속에서 분노와 위안을 동시에 얻는다.

셋째, 무엇보다 정치적 요인이 핵심이다. 정치권은 의도적으로 '우리 vs. 그들' 구도를 만들어 대중을 동원하고, 언론은 갈등과 자극적 언어를 소비하며 이를 확대한다. 12.3사태는 이러한 요인들이 결합했을 때 어떤 일이 발생하는지를 보여준다.

극단을 경계해야 하는 네 가지 이유

우리는 왜 극단을 경계해야 하는가? 그 위험을 네 가지로 구체화하면 다음과 같다.

첫째, 극단은 민주주의 자체를 부정한다. 극우는 '민족과 국가의 순수성'을 내세워 다른 목소리를 배제하고, 극좌는 '혁명의 완결성'을 내세워 다른 길을 부정한다.

둘째, 극단은 폭력과 억압을 정당화한다. 목적 달성을 위해 폭력을 당연시한다. 극우는 '내부의 적'을 숙청하고, 극좌는 '반혁명

세력'을 탄압한다. 나치 독일의 유대인 학살, 중국 문화혁명 등은 극단적 사례다.

셋째, 극단은 사회를 양분화한다. '우리 vs. 그들' 논리가 고착된다. 한쪽이 권력을 잡으면 다른 쪽은 존재 자체가 부정당하고, 사회는 절반으로 갈라진다.

넷째, 극단은 합리적 보수와 진보를 소멸시킨다. 극단은 온건파를 '배신자'로 규정한다. 극우는 합리적 보수를 '좌경화된 세력'으로 몰아붙이고, 극좌는 온건 좌파를 '타협주의자'로 낙인 찍는다. 결과적으로 사회는 중심을 잃고 극단의 블랙홀로 빨려 들어간다.

극단이 횡행하면 건강한 사회 공공성은 설 자리를 잃는다. 좌파적 가치와 우파적 가치가 실종되고, 대안이 자리 잡을 틈이 없다. 모든 에너지가 상대방 제거에 집중되며 민주주의는 사라진다. 대한민국이라는 새는 좌우 날개 어느 쪽이 부러지든 결국 추락할 수밖에 없다.

극단을 넘어 균형으로

우리가 극단을 경계해야 하는 이유는 단순히 '과격해서'가 아니다. 극단은 민주주의와 사회의 지속가능성을 위협한다. 12.3사태는 극단이 아닌 균형으로 나아가라는 민주주의의 신호다. 좌와 우가 서로를 적으로 규정할 것이 아니라 민주주의의 장에서 공존해야 한다. 불평등과 불안을 극단적 언어가 아니라 제도적 개혁으로 해결해야 한다. 정보 환경 속에서 극단 담론의 확산을 막고 건강한 공론의 장을 만들어야 한다. 이것이 12.3사태가 우리에게 남긴 교훈이며, 극단을 넘어 민주주의를 강화하는 길이다.

다음 장에서는 좌우 극단의 실체를 분석하고, 공공성이 작동하는 건강한 공론의 장으로 나아가는 길을 제시하려 한다.

14장

극단현상을 심층분석하다
_공론의 장의 필요성

"세르비아인들은 포로들을 다리 난간으로 끌고 가 몸을 앞으로 곧게 난간에 기대게 했습니다. 그런 다음 어떤 때는 총으로 쏘기도 하고 어떤 때는 목을 베었습니다. 그다음에는 강물에 밀어 넣었지요. 그들은 나와 나보다 더 늙은 한 남자에게 다리로 오라고 명령했습니다. 가는 길에 머리가 깨진 한 늙은 남자의 시체가 있더군요. 그것을 다리로 끌고 오라고 했습니다. 시체를 끌고 가는 사이에 그의 두개골이 부서지며 뇌가 흘러나왔습니다. 시체를 다리까지 끌고 가자, 드리나강에 던져 넣으라고 했습니다. 다리에는 시체 두 구가 더 있었습니다. 목이 잘려 죽은 시체들이었습니다. 그들도 강에 던져 넣으라고 하더군요. 시체 중 하나는 왼손의 손가락 네 개가 방금 잘려 나간 채였습니다." - 《네 이웃을 사랑하라》, 미래의창, 25쪽

좌우 극단은 이런 끔찍한 일을 정당화한다

위 내용은 보스니아 내전(1992~1995) 속 '인종청소와 대학살'에서 살아남은 한 무슬림 노인이 워싱턴포스트와 인터뷰한 내용이다. 이 노인은 당시 현장에서 강제로 강에 시체를 던져 넣는 일을 했었다. 이 내용을 워싱턴포스트에 보도한 종군기자 피터 마쓰가 《네 이웃을 사랑하라》라는 책으로 세상에 알렸다. 피터 마쓰는 위의 끔찍

한 사실보다 더 끔찍한 이야기를 이 책에서 들려준다. 그에 의하면, 저런 끔찍한 일을 저지르는 사람들이 서로 이웃이었다는 것이다. 얼마 전만 해도 드리나강 다리 밑에서 서로 물장구를 치며 여름을 보내던 이웃이었다. 그럼에도 정부에서 '인종대청소'를 발표하자, 다리를 사이에 두고 서로 이웃으로 지냈던 세르비아인들은 정부의 노예가 되어 보스니아 무슬림들을 위와 같이 처절하게 학살했다. 이 책의 제목이 '네 이웃을 사랑하라'인 것은 참으로 역설적이다.

이런 장면을 어디서 많이 보지 않았는가. 그렇다. 한국전쟁을 다룬 영화에서 어느 날 이웃이 돌변하여 죽창으로 이웃을 찌르는 장면을 여러 차례 보아왔다. 심지어 형제간에도 이런 싸움이 일어나곤 했다. 이러한 일은 영화가 아니라 실화였다.

극단을 만나면 우리가 해야 할 일

우리는 앞서 나치즘, 스탈린 체제, 마오이즘, 미국의 좌파 탄압 역사 등 세계사에서 저질러진 극단의 사례들을 살펴보았다. 이제 중요한 것은 '그런 비극이 반복될 때 우리는 어떻게 대처해야 하느냐'다. 그렇다면 우리 사회에서 극단이 횡행한다면 우리는 어떻게 해야 할까. 그 해답을 찾기 위해 독일 나치 치하의 두 사람을 소개하려 한다.

먼저 영화 '13분'(감독 올리버 히르쉬비겔)의 실제 주인공 게오르크 엘저. 그는 당시 평범한 시계 수리공이었다. 그는 누구에게서도 '히틀러 극우의 부당함'을 교육받지 못했다. 단지 그는 홀로 히틀러 사태의 부당함을 직시했고 히틀러 암살계획을 행동에 옮겼다. 그는 1939년 히틀러가 뮌헨의 맥주홀에서 연설할 예정이던 자리에 폭탄을 설치했다. 아쉽게도 히틀러가 폭파 예정 시각보다 13분 일찍 자리를 떠나는 바람에 암살은 실패했다. 그는 체포되어 수용소 생활을 하다가 42세의 나이로 처형당했다.

다음은 아래의 고백을 한 사람이다.

"만일 미친 사람이 대로로 자동차를 몰고 간다면 나는 목사이기 때문에 그 차에 희생된 사람들의 장례식이나 차려주고 그 가족들을 위로나 하는 것으로 만족하겠는가? 만일 내가 그 자리에 있었다면 그 달려가는 자동차에 뛰어올라 그 미친 사람으로부터 차의 핸들을 빼앗아버려야 하지 않겠는가?"

-《디트리히 본회퍼 선집 - 저항과 복종: 옥중서간》, 대한기독교서회, 280쪽

둘 다 히틀러를 암살하려다가 체포되어 젊은 나이에 처형당한 독일 사람이다. 엘저는 개인 차원에서, 본회퍼는 단체 차원에서 저항한 이들이다. 우리 사회에서도 일본의 제국주의에 맞서서 죽음으로 행동한 이들이 있었으니, 바로 안중근, 이봉창, 윤봉길 등이다.

우리가 극우와 극좌를 만났을 때, 그들이 공론의 장을 파괴하고 폭력을 정당화하는 단계에 이르렀다면, 더 이상 '대화와 타협'의 대상으로 여기지 말고 제도적으로 막아야 한다. 만일 막지 못했다면 사후에라도 반드시 처벌해야 한다. 프랑스가 전범자를 끝까지 찾아 처벌했던 것처럼. 12.3사태를 처리하는 우리 사회의 방식도 그래야 하지 않을까. 그래야 대한민국이 살 수 있다.

홀로코스트를 당시 독일 시민들은 몰랐을까

여기서 우리는 한 가지 의문이 생긴다. 가스실에서 600만 명의 유대인이 죽어갈 때, 독일 시민들은 몰랐을까. 알고도 모른 척했을까. 당시 수많은 독일 시민은 나치의 독일이 세계를 향해 큰 악을 저지르고 있다는 것을 정말 몰랐을까. 크게 두 가지 경우로 볼 수 있다. 알고도 모른 척한 경우와 정말 몰랐던 경우다. 둘은 약간의 차이가 있지만, 사실은 동일한 악의 행위이다. 이것은 아래에서 '악의 평범성'과 이어진다. 그런 좌우 극단은 왜 강화되는가. 그것의 사회적 배경이나 원인은 바로 앞 장에서 살펴보았으므로, 여기에선 실제적인 이유와 철학적 이유를 이야기해 보려 한다. 이렇게 하는 것은 앞 장에서 잠시 언급한 내용, 즉 공공성이 확보되는 공론의 장으로 가기 위함이다.

극단을 행하는 강력한 동기 '인센티브'

먼저 실제적인 이유를 알아보기 위해 만나볼 사람은 《불변의 법칙》(서삼독, 2024)의 저자 모건 하우절이다. 그는 이 책을 통해서 사람들이 '비상식적이거나 불합리한 행동을 하는 이유'를 한마디로 '인센티브'라고 못박았다. 이 책에 소개된 35세의 나이지리아 남성 아키놀라 볼라지는 20년 동안 온라인에서 사기 행각을 벌였다. 미국 어부인 척하면서 마음 약한 과부들을 속여 자신에게 돈을 송금하게 했다. 그는 뉴욕타임스와의 인터뷰에서 순진한 사람들에게 피해 입힌 것을 어떻게 생각하느냐는 질문을 받고 이렇게 대답했다.

"물론 내게도 양심이라는 게 있어요. 하지만 가난이 죄책감을 덜어주었죠."(같은 책, 326쪽)

당장 굶어야 할 만큼 가난하면 사기 치는 행위를 스스로 정당화하기 쉽다. 인센티브란 어떤 행동을 유도하거나 장려하기 위해 제공되는 동기부여 요소, 즉 보상이나 장려책을 말한다. 나는 여기서 '보상'이란 말에 더 눈이 간다. 모건 하우절은 "인센티브만 주어진다면 정신 나간 행동을 할 사람은 50퍼센트 이상"이라고 말한다.

여기서 말하는 인센티브는 경제적 인센티브만 뜻하는 것이 아니다. 때론 문화적이고 집단적인 인센티브가 더 강력하게 작용한다. "사람들은 자신이 속한 사회적 집단에서 배제당하거나 그 집단을 동요시키고 싶지 않아서 뭔가를 지지한다. 많은 이들이 경제적 인센티브는 뿌리칠 수 있지만 문화적·집단적 인센티브는 더 뿌리치기 힘들다(같은 책, 331쪽)"라고 모건 하우절은 강조한다. 사실 당장 나부터도 그런 상황에 놓이면 자신하기 힘들 듯하다.

이런 인센티브는 다음 세 가지 어리석음으로 우리를 이끈다. 첫째, "대다수 사람은 자신의 어리석음과 결점을 보지 못한다(같은 책, 329쪽)"라는 것이다. 말하자면 우리의 눈을 멀게 한다. 둘째, "인센티브의 또 다른 강력한 힘은 자신이 듣고 싶은 것만 듣고 보고 싶은 것만 보려는 욕구를 만들어낸다는 점이다(같은 책, 331쪽)"라고 하우절은 충고한다. 이것은 마지막으로 우리를 "인센티브가 우리를 어느 한 방향으로 끌고 가면 객관적 관점을 유지하기란 매우 어렵다(같은 책, 332쪽)"라는 쪽으로 이끌고 간다. 인센티브는 항상 객관성을 방해한다.

나치 치하에서 고급 인센티브를 누린 아이히만 같은 나치 부역자들은 유대인 학살을 알고도 모른 척했다. 당시 독일 시민들은 제대로 다 알지는 못했지만, '게르만민족의 번영과 독일의 발전'이라는 인센티브에 눈이 멀게 되었고, 객관성은 유지되지 못한 것이다. 그들은 모두 '극단을 선택한 악의 사람들'이라는 오명에서 자유롭지 못하다.

'악의 평범성'과 극우·극좌의 관계

우리는 바로 이 지점에서 한나 아렌트의 '악의 평범성'과 마주하게 된다. '악의 평범성'이라 번역한 덕분에 많은 오해를 받는 이 단어는, 실은 이런 뜻이다. 한나 아렌트 자신이 직접 이야기한 것은 다음과 같다.

"악이 결코 '근본적'이지 않다는 것, 악은 단지 극단적일 뿐 어떤 깊이나 악마의 차원도 가지고 있지 않다는 것이 진정한 지금의 제 의견입니다. 악은 표면에 있는 곰팡이처럼 퍼져 나간다는 바로 그 이유 때문에, 온 세상을 뒤덮고 황폐하게는 할 수 있겠습니다. (그러나) 사유란 어떤 깊이에 도달하려고 하고 뿌리로 내려가려고 하는 것인데 (사유가) 악에 관심을 가지는 순간, 악에는 (그런 깊이 있는 내용이) 아무것도 없어서 (사유가) 좌절되기 때문에, 제가 말했듯 악은 '사유하기를 거부하게' 되는 것입니다. 그것이 악의 '평범성'입니다. 오직 선만이 깊이를 가지고 근본적일 수 있습니다."

- 1963년 게르숌 숄렘에게 보낸 편지

이는 원문《예루살렘의 아이히만》출간 직후 '아이히만 논쟁'을 하면서 한나 아렌트가 게르숌 숄렘에게 보낸 편지다. "악이란 근본적인 게 아니라 극단적일 뿐"이라는 표현에서 우리는 '악 = 극단적인 것'이라는 공식을 찾아낸다. 아렌트는 우리가 지금 다루고 있는 극단(극좌와 극우)이 악이라고 말하고 있다. 그 악은 곰팡이처럼 퍼져나가서 온 세상을 뒤덮고 황폐하게 한다. '유대인 600만 학살'은 악(극단적인 것)의 곰팡이가 퍼져서 세상을 황폐하게 한 결과다.

악이나 극단적인 것에 집착하는 순간, 우리는 스스로 생각하기를 멈추게 된다. 우리가 어떤 깊이에 도달하려고 하고 뿌리로 내려가려고 하는 것이 '사유'다. 악 자체가 선처럼 특별하지 않고 너무나 평범해서(천박해서), 사유하기를 거부하게 된다는 것이 '악의 평범성'이다. 바꿔 말하면 '극단으로 가지 않는 능력이 있는' 선은 사유하기에 근본적이라는 것이다.

아렌트는 "아이히만은 타인 또는 타자의 관점에서 '사유'할 능력이 없기 때문에 그는 또한 '행위'할 능력 또는 더 잘 말하자면 도덕행위를 '수행'할 능력도 없다(《예루살렘의 아이히만》, 한길사, 40쪽)"라고 아이히만을 규정지었다. 1961년 이스라엘 예루살렘에서 열린 역사적 전범 재판에서 아이히만을 지켜보며, 내내 사유하던 아렌트가 내린 결론이었다. 1962년 6월 1일, 사형의 최후 순간에 아이히만은 "여러

분 우리는 모두 다시 만날 것입니다. 이것이 모든 사람의 운명입니다. 독일 만세, 아르헨티나 만세, 오스트리아 만세. 나는 이들을 잊지 않을 것입니다(같은 책, 349쪽)"라고 외쳤다. 그는 반성의 말도 사죄의 말도 전혀 하지 않았다.

이것이 아렌트가 말한 '악의 평범성'이다. 악은 선처럼 특별하거나 뛰어나지 않고, 다만 '무사유'라는 천박한 평범함을 지녔다는 의미다. 한마디로 '아무 생각이 없이 행동하는 것'을 의미한다. 자신이 속한 조직이나 집단이 요구하면 처절한 고민과 사유함 없이 행동하는 것이다. 그것이 악인지 아닌지 사유하지도 않고 말이다. 이런 사고와 행위를 가리켜 극단적이라고 한다. '극단적'이란 집단적 사고와 행위의 양 끝에 있는 것이 아니라 아무런 '사유함' 없이 집단적 행위를 하는 것이다. 한국 군대식 표현에 따르면 '까라면 깐다'라는 것이다.

극단의 악에서도 빛나는 '사유함'의 사람들이 있었으니 바로 게오르크 엘저, 디트리히 본회퍼 그리고 윤봉길, 안중근, 이봉창 등이다.

서로의 차이를 알지 못하는, 악의 평범성

그렇다면 아이히만은 어떤 사유를 하지 못했을까. 책 《예루살렘의 아이히만》은 "아이히만의 문제는 그가 본질적으로 혼돈에 빠진 동일주의자 - 인간관계에서 차이를 알지 못하거나 차이에 대해 생각할 능력이 없는 사람 - 라는 점이다(같은 책, 40쪽)"라는 핵심을 알려준다. 아이히만은 '본질적으로 혼돈에 빠진 동일주의자'였던 것이다.

말하자면 인간관계에서 차이를 알지 못하거나 차이에 대해 생각할 능력이 없는 사람이었다.

이 책은 이어서 "모든 관계는 자아와 타자의 비대칭적 차이와 더불어 시작한다(같은 책, 39쪽)"라고 말한다. 이는 '나'와 '남'이 사회적으로 평등하지 않은 차이 속에서 관계가 시작된다는 말이다. 그렇기에 "차이가 없으면 소통의 필요가 없다"라는 아렌트의 말은 진실이 된다. 그 말은, 우리가 서로 소통이 필요한 근본적인 이유는 차이가 있기 때문이라는 말이다. 이러한 차이 자체를 사유하지 못하니 소통의 필요성을 느끼지 못했고, 그로 인해 극단(악)은 양성되는 것이다. 서로의 차이를 근본적으로 인식하면(사유하면) 소통은 반드시 따라오게 되어 있다. 선은 비범하여 그 차이를 인식하나, 악은 평범하여 그 차이를 인식하지 못한다는 의미에서 '악의 평범성'인 것이다.

12.3사태에서 우리는 '공론의 장'의 중요성을 보았다

이런 사유함을 "혼자 사유하지 않고 공개적으로 모든 사람과 대화하며 사유하는 것, 이것이 공공성"이라고 《외로운 사람들을 위한 정치 수업》(위즈덤하우스, 2023)의 저자 이인미(한나 아렌트 연구가)는 자신의 책 176쪽에서 설명하고 있다. 12.3사태로 인해 극우로 빼앗긴 우리 사회의 공공성(공론의 장)을 이제 우리는 속히 민주의 장으로 되돌려 놓아야 한다.

"공공성은 정치적 삶을 사는 행위자의 자유와 책임에 관한 것들에 각별히 관심을 보인다. 자유와 책임을 같이 보호하는 게 공공성이다. 자기 생각을 자유롭게 그리고 공개적으로 검토받는 것이 공공성의 기초다. 밀실정치, 파벌정치, 야합정치는 공공성을 저해한다(같은 책, 177쪽)"라며 이인미는 우리에게 조언한다. 상대방을 배제하고 제거하려는 극단에서, 서로의 자유와 책임을 보호하는 공공성의 사회로 되돌리는 것이 2026년 우리 사회의 숙제다. 나아가, 서로의 생각을 공개적으로 검토받는 공론의 장이 활성화되어야 한다. 이 말은 두 가지를 말해준다. 누구나 자신의 생각을 검토 받을 자유가 있다는 것과 함께, 공공에 영향을 미치는 생각(좌와 우)이 있다면 공론의 장에서 반드시 검토 받을 책임이 있다는 것이다. 이인미의 말처럼 '밀실정치, 파벌정치, 야합정치'는 공공성을 저해하는 최대의 적이 된다. 이번 12.3사태가 바로 그 예다.

  정리하자면 이렇다. '악의 평범성'이란 악은 근본적이지도 않고 특별하지도 않고, 다만 극단에 치우치는 성질을 말한다. 그 악은 사유함을 잃어버렸기에 더 강화된다. 사유함이란 서로의 차이를 근본적으로 인식하는 것이다. 이렇게 될 때 소통은 자연스레 이어지지만, 사유함이 없으면 극단에 치우쳐서 상대방을 제거하고자 한다. 인간은 혼자 사유할 수도 있지만, 공개적인 장소에서 자기 생각을 검토받는 공적 사유함이 필요하다. 그 공적 사유함을 제약 없이 하게 하는 것이 공공성이며, 그러한 마당을 공론의 장이라고 한다. 12.3사태 이후의 대한민국은 이러한 숙제를 해결해야 한다. 이로 보건대, 좌우 극단이 위험한 것은 상대방을 제거하려는 행위 자체도 있지만, 근본적으로는 한 사회의 공공성을 해치고 공론의 장을 파괴하여 한 사회를 한 발짝도 못 나아가게 막고 후퇴하게 만드는 특성 때문이다.

12.3사태 이후 공공성을 회복하고 공론의 장을 넓혀야

이런 공공성이 보장되려면 우리 사회의 수준과 건강함이 담보되어야 한다. 때로는 극단이 몰려와도 견뎌내는 면역력이 필요하다. 12.3사태에서 보여준 즉각적인 시민들의 저항, 국회의 신속한 대응, 군인들의 지혜로운 처신 등이 우리 사회의 수준과 건강함 그리고 면역력을 보여주었다. 이후 눈 오는 날 등에 밤을 새우며 민주광장(공론의 장)을 지켰던 시민들이 있어 면역력은 걱정이 없어 보인다. 특히나 광장의 촛불을 보면서 '민주주의의 절실함, 대한민국의 열정'을 보았다. 대한민국 사회의 역동성은 전 세계가 극찬하고 있다. 12.3사태가 갑자기 터지고, 하루 만에 막을 내리고, 수많은 사람들이 촛불을 들어 대통령 탄핵을 이끌어내지 않았는가. 이런 모습 속에서 공공성이 회복되어 도래할 '좌파적인 세상의 가능성'을 나는 본다.

정치와 행정부가 할 일은 당연히 이러한 공공성이 보장되는 시스템을 만드는 것이다. 뿐만 아니라 다시는 우리 사회에 극단이 나오지 못하도록 제도적인 노력(극단을 행사했던 세력을 처벌하고, 재발하지 않도록 만드는 것)을 해야 한다. 정치권은 여야가 서로 공론의 장에서 토론하고 타협해야 한다. 밀실정치, 파벌정치, 야합정치는 이번 계기로 발을 붙이지 못하게 해야 한다. 나아가서 지금의 여야를 넘어서 제3의 정당과 시민단체와 노조 등이 공론의 장으로 나올 수 있도록 제도적 장치를 마련해야 한다. 나 같은 중년 좌파도 얼마든지 좌파의 가치를 설파할 수 있도록 자리를 마련해주어야 한다. 시민 누구나, 좌우 누구나, 마찬가지다. 그가 극우거나 극좌만 아니면 말이다.

'배제와 혐오의 언어'부터 바꿔보자

이러한 공론의 장을 회복하는 데 최고의 걸림돌은 역시 '배제와 혐오의 정서'다. 그리고 그 정서를 표현하는 '말'이 문제다. 몇 가지 단어를 나열해 보겠다.

'극우, 수꼴, 극좌, 좌빨, 우좀, 좌좀, 토빨, 종북….'

극우와 극좌, 종북은 일반적으로 알려져 있어서 토를 달지 않겠다. 나머지는 수꼴(수구 꼴통), 좌빨(좌파 빨갱이), 우좀(우파 좀비), 좌좀(좌파 좀비), 토빨(토착 빨갱이) 등이다. 이러한 표현을 스스럼없이 사용하는 이들이 많다. 이러한 언어들은 단순한 감정 표현이 아니라 사유를 멈추게 하고 공론의 장을 닫아버리는 극단의 언어다. 이런 표현의 핵심은 상대방을 인간이나 시민으로 인정하지 않고, 특정 이념·행동 집단으로 환원시키는 데 있다. 이러한 언어들이 성행하면 결국 공공성은 사라지고 공론의 장은 만들어질 수 없다.

말은 곧 사상과 가치의 표현이다. 그 말은 행동이 되고, 행동이 모이면 현실이 되고, 현실이 모이면 한 사회를 이루며, 나아가서 미래를 만든다. 이러한 '배제와 혐오의 언어'들을 이제부터 좀 줄였으면 좋겠다. 궁극적으로, 사라지면 얼마나 좋을까. 12.3사태 이후 '배제와 혐오'의 언어부터 조금씩 사라진다면, 12.3사태가 오히려 우리 사회의 기회가 되지 않을까.

3부

좌우파의 미래
_좌파적인 세상을 향하여

15장

더불어 산다는 것은 좌파적으로 산다는 것
_좌파의 참맛

이 장의 결론부터 말하면 이렇다.

'더불어 산다는 것은 좌파적으로 산다는 것이다.'

이것은 내 인생의 화두이자 핵심 키워드인 '더불어 사는 세상'에 대한 처절한 고민 끝에 내린 나의 고백이자 운명의 길이다. 이 장에서 말하는 '더불어 산다는 것은 이런 것'이라고 말하는 것은 책상이 아닌 처절한 현장에서 길어 올린 나의 고백이다. 독자들은 바로 다음 장에서 나의 자세한 좌파 여정을 보면서 '이 사람은 좌파를 하려고 태어났구나' 하고 깊이 공감하게 될 것이다.

더불어 살자 했더니 더불어 못 살겠다고 세 번이나 쫓아냈다

다음 장에서 보겠지만, 나의 인생에서 굵직한 전환점이 몇 개 있다. 그중에서 지역적으로 큰 전환점은 단연 1999년 12월 부산에서 경기도로 이사한 것이다. 그리고 2년 뒤인 2001년 '더아모의집(더불어 사는 아름다운 세상을 만들어가는 모임의 집)'을 시작했다. 결과론적인 이야기지만, 나는 '더아모의집'을 하기 위해 부산에서 경기도(안성)로 이주한 셈이다.

'더불어 사는 세상'을 실현하고자 안성(일죽면 산북리)에서 장애인 시설을 운영했지만, 마을 주민들의 반대 시위로 3개월 만에 쫓겨났다. 다시, 건넛마을 당촌리에 '더아모교회 및 더아모의집'을 열고, '더불어 사역'을 했다. 가난한 아이들을 위한 공부방을 열고, 독거노인들에게 반찬을 배달해 주고, 외국인 노동자의 월급을 받아주고, 장애인 가정을 돌봤다. 이 과정에서 공부방을 건축하다가 주민들의 반대로 또 쫓겨났고, 이웃을 섬기는 '더아모의집'을 짓고 살다 땅 주인의 약속 불이행으로 또다시 쫓겨났다. 안성에 살면서 '더불어 사는 세상'을 추구하다가 세 번이나 보금자리에서 쫓겨났다. 더불어 사는 세상을 추구했는데, 오히려 더불어 살고자 섬겼던 사람들에 의해 쫓겨난 거다.

인간만사 새옹지마, 잃는 게 있으면 얻는 것도 있다

하지만 이러한 역경 속에서도 '더불어 사는 것'을 실습하면서 길어 올린 가치들이 있었다. 우리는 '더불어 사는 것'이라고 하면 이런 장면들이 먼저 떠오르곤 한다. 연말에 산동네에서 수십 명이 줄지어 연탄을 나르는 모습, 역전 식당에서 자원봉사자들이 국과 밥을 나르고 노숙자들이 식사하는 장면, 독거어르신의 집에 봉사자들이 찾아가 어르신을 목욕시키고 집을 청소해 주는 장면 등일 것이다. 나 또한 그런 것이라 생각했고, 누구보다 헌신적으로 실천했다.

반찬 배달 갔다가 오히려 받아온 선물이 더 많았던 이유

독거어르신 5명에게 반찬을 배달했다. 일주일에 두 번 방문했다. 그들은 내가 오는 날을 손꼽아 기다렸다. 자세히 보니 내가 반찬을 배달해 주어서 좋은 게 아니라 젊은이(그땐 30대 초반이었다)가 찾아와 주는 자체가 고마운 듯했다. 그 시절엔 요양보호사나 재가 간병인 제도가 없을 때였다. 어르신들에게 반찬만 배달해 주고 달랑 오는 게 아니었다. 나로서도 반찬 배달은 명분이었고, 그들의 이야기를 들어주고 안부를 물어주는 게 실제 내용이었다.

그런데 이상한 것은 몇 곳을 돌고 나면 내 손에 항상 뭔가가 가득 들려 있었다는 점이다. 한 집에선 텃밭에서 수확한 고추랑 오이를, 한 집에선 음료수를, 한 집에선 바나나를, 한 집에선 과자를, 한 집에선 쌈짓돈 등을 내 손에 쥐여 주었다. 나는 달랑 반찬 한 통이 다인데, 그들은 나에게 항상 더 많은 것을 안겨주었다. 자원봉사자 교육에선 봉사 대상자로부터 이런 것을 받지 못하게 한다지만, 나는 이 선물들을 받을 수밖에 없었다.

노인이 된다는 것은 점점 세상에서 자신의 존재가 초라해지는 것이라는 걸 나는 그들을 통해 보았다. 젊었을 땐 자식과 친척들에게 쓸모 있는 존재로 살았지만, 늙고 힘없으니 쓸모 있는 존재는 둘째 치고, 계속 짐이 되는 존재인 자신을 발견하게 된다. 선뜻 자녀 집이나 요양원에 가지 못하는 것도 자손들에게 짐이 되기 싫어서였다. 가뜩이나 자신의 존재가 초라해짐을 절감하는 그들에게 또 무언가를 전해 주러 가면, 그들은 좋아하기보다 너무나 미안해하고 황송해했다. 당신들이 세상에 짐이 된다고 또 한 번 인식하는 순간이었다. 그러면서도 누군가 찾아오는 것이 좋아 반찬을 받는 듯했다.

이런 그들은 나에게서 반찬을 받지만 나에게 더 많은 것을 선물로 줌으로써 자신의 존재를 확인하고 있었다. 자신이 아직은 세상에 쓸모 있는 존재라고, 아직은 자신에게 그럴 힘은 남아 있다고, 자신이 일궈놓은 무언가를 나에게 줘여 주면서 삶의 이유를 찾고 있었다. 그들이 주는 것을 "마음은 고맙지만, 됐습니다"라고 뿌리치면(처음 얼마간은 나도 그랬었다) 그들은 크게 좌절할 것이 분명했다. 내가 찾아가는 것이 더욱 부담스러워졌을 것이다. 그들과 대화하면서, 그들의 이런 절박한 심정을 간파한 나는 그들이 주는 선물을 기꺼이 받아왔다. 내가 주는 반찬보다 그들이 주는 선물이 그들의 존재를 더 풍성하게 했으니까. 일부 주변 사람들에게 독거어르신들로부터 그런 것을 받아온다는 비난을 받기도 했지만, 아무러면 어떠랴. 욕을 들어도 좋았다. 우리의 존재가 서로 풍성해지는 것을 느낀 것으로 족했다.

더불어 산다는 것은 베푸는 것이 아니다

이런 나의 경험은 나에게 다음과 같은 깨달음을 선사했다.

'더불어 산다는 것은 일방적으로 누가 누구에게 베푸는 것은 아니다. 그렇게 하는 순간 이미 베푸는 자와 시혜를 받는 자로 양분되는 것이다. 어쩔 수 없이, 베푸는 자는 우월감에, 시혜를 받는 자는 열등감에 속하게 된다. 적어도 서로 동등한 관계에서 주고받아야 더불어 사는 것이다. 이래야 서로의 존재가 풍성해진다. 내가 앞으로 추구할 더불어 사는 세상은 이런 세상이어야 한다.'

이렇게 현장에서 길어 올린 '더불어 사는 것에 대한 깨달음'은 나로 하여금 봉사의 자리에 서 있을 때 항상 봉사 대상자에 대한 도움보다 서로의 존재를 생각하는 사람으로 있게 했다.

쫓아낸 주민도 생존의 위협을 느꼈다

그러다가 주민들의 텃세로 일죽에서 세 번 쫓겨나면서 나의 고민은 더 깊어졌다. 나는 그들을 섬기면서 더불어 살고자 하는데, 그들은 나를 쫓아냈다. 왜 저들이 저렇게까지 우리를 쫓아내려 했을까. 처음엔 그들이 나쁘고 나는 선한 피해자라고 생각했다.

훗날 장애인 시설 자리에서 왜 쫓겨났는지를 알게 되었다. 몇 가지 이유가 있었지만, 그 중 핵심은 '땅값'이었다. 장애인 시설이 마을에 들어오면, 땅값은 오르지 않고 그대로 있거나 내려간다고 했다. 그때 당시 앞장서서 우리를 쫓아내려 했던 사람이 누군가 했더니, 우리 장애인 시설 주변에 땅을 가졌거나 집을 가진 사람들이었다. 그들의 행위를 당시엔 이해하지 못했지만, 훗날 이해했다. 자본주의 사회에서 자신의 재산을 지킨다는 것은 자신의 생명을 지킨다는 것과 동일하다. 자신과 자신의 가족을 이 사회로부터 지키려면, 자기 재산을 지키고, 나아가서 더 불려야 한다. 그렇지 않으면 생존의 위협을 받는 것이다. 우리가 비록 선의의 목적을 가지고 장애인 시설을 설립했다 할지라도, 그들에겐 크나큰 생존의 위협으로 다가온 것이다. 그땐 미처 몰랐다. 우리만 피해자인 줄 알았다.

누구의 손을 들어줘야 하는가

이런 경험을 한 나는 또 한 번 깨달았다. 더불어 산다는 것은 선의만으로는 부족하다는 것을. 더군다나 자본주의 사회에서 더불어 살기 위해서는 고도의 기술과 제도가 필요하다는 것을. 장애인 시설을 운영하려던 나의 재산권도, 장애인 시설의 주변에 사는 이웃들의 재산권도 모두 보장받아야 한다. 이런 이해관계가 충돌할 때, 관청과 법원은 누구의 손을 들어줘야 하는가? 단순히 장애인 시설을 운영하는 곳을 약자이자 선의의 기관으로 봐서 그들의 손을 들어줘야 하는가? 잘 살고 있던 자신의 보금자리 주변에 자신들의 재산권을 침해하는 시설이 들어와 삶의 터전이 흔들렸던 그들의 손을 들어줘야 하는가? 이것은 쉬운 문제가 아니다.

군수산업회사 사장의 아들과 시민운동가의 아들이 싸운 이유

하나의 상황을 가정해 보자. 만약 내가 군수산업회사 사장이고 초등학생 아들이 학교를 다녀와서 나한테 이렇게 말한다면? "아빠, 오늘 친구랑 싸웠어요. 걔가 아빠더러 나쁜 사람이래요. 이 세상에서 더불어 살려면 평화를 지켜야 하고 전쟁 같은 것은 하지 말아야 한다며 '너희 아빠는 무기 만든다며?' 하고 놀리잖아요. 걔네 부모님은 '평화시민연대' 시민운동가들이래요." 이런 아들에게 나는 뭐라고 해야 할까. 아빠 회사 직원이 500명이고, 그들의 가족까지 합치면 수천 명이니, 그들의 생존 역시 아빠가 지키고 있다고 말해야 할까.

국제 사회에서 작게는 NGO부터 크게는 종교단체와 UN에 이르기까지 수많은 기관과 단체들이 평화를 지키기 위해 활동하고 있다. 그 주장들의 옳고 그름을 떠나, 그 운동과 산업 속에서도 수많은 사람이 생계를 유지하며 살아간다. 이러한 메커니즘은 '국가 대 국가' 차원에서는 더 크고 심각해진다. 어느 국가의 하나를 문제 삼아 공격하면, 얼마나 많은 사람들이 연관되어 문제가 생길까. 요즘처럼 우리의 모든 생활이 세계와 밀접하게 연결된 시대라면 더욱 그러하다. 이런 구조에서 어느 한쪽을 '악'으로 규정하는 순간 우리는 문제를 해결하는 대신 서로를 제거하는 길로 들어선다. 더불어 사는 사회는 그 출발선에서 이미 무너진다.

더불어 산다는 것은 철저하게 정치적인 용어다

더불어 사는 세상은, 이웃에게 호의를 베푼다고 해서 도래할 세상이 아니다. 나는 이런 심정을 담아 2017년에 책《더불어 바이러스》를 세상에 내놓았었다. 현장에서 길어 올린 생각과 책을 통한 정보를 모아 출간했다. 그 책을 통해 동지세력을 규합해 '더불어 사는 운동'을 세상에 펼쳐보려고 했다. 3회에 걸쳐 북콘서트도 했다. 하지만, 뒷심이 부족해 실패했다. 그 책에서 나는 "더불어 사는 것이란 비정치적인 것이 아니라 정치적인 것(100쪽)"이라고 선언했다. 나의 북콘서트에 온 한 관객은 이 선언을 듣고 고개를 갸웃거리며 그럴 리가 없다고 강하게 반박했다. 아무려면 더불어 산다는 고상한 가치가 천박한(?) 정치와 연관이 있을까, 뭐 이런 주장을 하는 듯 보였다. 그는 적어도 한 번도 '더불어 산다는 것'과 정치가 너무나 직접적으로 관계가 있다는 걸 생각해 보지 않은 듯했다.

다시 말하거니와 더불어 사는 세상은 '정치적 산물'이다. 진정한 '더불어 사는 세상'은 누군가의 선의나 자비에 기대어 이루어지지 않는다. 그것은 처절한 정치적 싸움을 통해, 구조를 바꾸는 근본적 변화를 통해 만들어진다. 그것은 성장 중심의 체제를 분배 중심 체제로 바꾸는 일, 무한경쟁을 연대와 협력으로 대체하는 일, 권력의 독점을 권력의 공유로 전환하는 일 등을 동반해야 한다. 이것이야말로 더불어 사는 세상을 만드는 진짜 방법이다. 정치적 투쟁 없이 더불어 사는 세상을 말하는 것은 쇼에 불과하다.

좌파가 더불어 사는 세상을 주장하는 이유

좌파는 인간이 인간답게 살아가기 위해서는 근본적인 구조개혁이 필요하다고 믿는다. 그래서 좌파는 불평등을 방치하는 자유를 거부하고, 강자의 독주를 용인하는 시장논리를 거부하며, 연대와 평등을 정치적 원칙으로 삼는다.

더불어 산다는 것은 개인적 미덕이 아니라 사회적 구조의 문제이며, 정치적 투쟁의 산물이다. 자유만으로는 부족하다. 우파는 개인의 자유를 강조한다. 하지만 가난한 이에게 자유란 무의미하다. 굶주린 자유, 병든 자유, 불평등과 양극화로 인해 차별받는 자유는 진정한 자유가 아니다. 좌파는 묻는다. 자유가 평등을 수반하지 않는다면 그 자유는 누구를 위한 것인가? 소수 상류층의 수발을 드는 자유인가? 자유는 평등과 복지 위에 세워질 때 비로소 빛을 발한다.

'좌파적인 삶이란 곧 더불어 사는 삶'

좌파적인 삶이란 약자를 동정하는 삶이 아니다. 약자와 함께 싸우는 삶이다. 좌파적인 세상이란 베푸는 세상이 아니다. 함께 주인으로 살아가는 세상이다. 그것은 '네가 불쌍하니 내가 도와줄게'라는 태도가 아니라, '너와 나는 함께 이 사회의 주인이다'라는 선언이다. 서로 주인의식을 가지고 주체적으로 만들어가는 세상이다.

좌파로 산다는 것은 생존을 위한 필수조건이다

나아가서 더불어 산다는 것(좌파적으로 산다는 것)은 선택이 아니라, 생존을 위한 필수조건이다. 더불어 살지 않으면, 즉 좌파적으로 살지 않으면 양극화와 불평등은 극에 달한다. 서로를 적대시하며 서로를 죽이게 될 것이다. 나아가 좌파적으로 살지 않고 지금처럼 무한성장을 추구한다면 자연과 지구는 파괴될 수밖에 없다. 그런 구조로 간다면 사람과 사람, 사람과 자연, 사람과 지구는 공멸할 게 분명하다. 좌파는 말한다.

'지금 이대로는 안 됩니다. 가던 길을 멈추고, 다시 새로운 길을 가야 합니다. 그렇지 않으면 우리 모두 죽습니다. 우리 손을 맞잡고 함께 이 길을 걸어갑시다. 때론 치열하게 토론하고, 갈등하며, 눈물을 흘릴지도 모르지만, 그것조차 함께하는 과정입니다. 이 길은 특정한 누구를 공격하려는 길이 아니며, 당장 우리의 생존을 위해서라도 그래야 하고, 다음에 오는 후손들을 위해서라도 그래야 합니다. 나는 감히 이 길을 좌파의 길이라 부릅니다. 더불어 사는 길이기 때문입니다.'

16장

내가 좌파일 수밖에 없는 운명
_중년 좌파 선언까지의 여정

서울 강남에 사는 지인이 안성 시골 서민들을 보면서 말했다.

"우리 같은 강남 부자들이 우파 보수당을 지지하는 것은 이해가 가는데, 왜 가난한 사람들이 우파 보수당을 지지하는지 이해가 안 간다."

그렇지 않은 사람들도 많다고 이야기해 주었다. 그러면서 내가 좌파로 살게 된 여정을 들려주었다.

신문배달 소년이 등록금이 모자라 고교를 자퇴하다

나는 가난한 노동자의 3남 중 장남으로 태어났다. 시골에서 땅 한 평 없이 살아야 했던 부모님은 마을 입구 작은 공장에 나가 일하셨다. 어린 시절, 끼니를 거르거나 면사무소에서 배급받은 밀가루로 허기를 달래야 했던 기억은 아직도 생생하다. 우리는 이사도 자주 다녔다. 이리저리 떠돌다 정착한 곳이 부산 구서동의 무허가 천막집이었다. 우리 가족이 직접 지은 작은 집이었다. 허름했지만, 그래도 우리의 보금자리였다. 가난한 가정에서 오로지 엄마를 돕기 위해 스스로 초등학교 6학년부터 신문배달을 했다. 고등학교 1학년 말, 등록금을 내지 못해 자퇴했다. 이후 신발공장, 의자공장, 박공예 공장, 식당 등을 전전하며 돈을 벌어야 했다.

고교를 자퇴한 것이 오히려 인생의 전환점

하지만 잃는 게 있으면 얻는 것도 있다. 학교 다닐 때는 성경 외에 책을 거의 읽지 않았던 내가 고교 자퇴 후 교회 선배들의 영향을 받아 책을 가까이하기 시작했다. 바로 그 시절, 경계 없는 독서가 시작되었다. 어느 틀에도 갇히지 않은 무차별적인 독서 습관은 나를 계속 성장시켰다. 그때 길든 독서 습관은 지금도 이어지고 있다. 책은 나를 매일 갱신하게 만드는 스승이자 길잡이다. 지금 내가 이룬 것이 조금이라도 있다면 그것은 전적으로 독서 덕분이라고 말할 수 있다.

1987년, 검정고시로 고교를 졸업했다. 이 무렵 부산 서면에서 검정고시 학원에 다니던 중 우연히 반독재 시위에 참여하게 되었다. 그때 전경에게 두 번이나 체포당할 뻔했다. 나는 소위 '의식화 교육'을 받지 않았지만 불의에 항거하고 있었다. 이 모든 것이 독서의 힘이었다. 이듬해 부산신학교에 입학했다. 공부를 잘하던 나는 서울 쪽 대학 진학을 꿈꾸었으나, 결국 가난 때문에 조그만 지방 신학교에 입학할 수밖에 없었다. 신학교 시절에는 지하철 신문 판매로 돈을 벌어 학교에 다녔다.

내 인생에서 가장 큰 고통, 준비되지 않은 이별

1991년, 내 인생을 송두리째 뒤흔든 사건이 발생했다. 부산을 휩쓴 태풍으로 산사태가 나 집이 무너진 것이다. 우리는 산 바로 아래 무허가 집을 지어 살고 있었다. 군 복무 중이던 8월 23일, 나는 그날을 절대 잊을 수 없다.

어머니께서는 건축용 블록 제조 공장에서 일하셨는데, 그날 야간 작업 후 낮에 주무시다가 집이 무너져 깔려 돌아가셨다. 아버지는 어머니를 더 자게 하려고 집 뒤를 오르락내리락하다가 마지막 점검 후 어머니를 깨우려던 찰나, 산사태 더미가 떠내려가는 것을 목격하셨다. 당신 눈앞에서 어머니가 깔려 돌아가시는 모습을 지켜봐야 했다. 그것도 당신이 손수 지은 집에서 일어난 일이었다.

어머니의 소천 후 집안은 엉망이 되었다. 아버지와 바로 밑 동생은 방황했다. 술에 취한 아버지를 경찰서에서 모셔 와야 했고, 술 취한 동생의 난동으로 부서진 술집 기물을 대신 물어주어야 했다. 어머니의 빈자리는 장남인 내가 메워야 했다. 내 인생에 숱한 고난과 고통이 있었지만, 어머니가 돌아가신 순간부터 1년간이 가장 고통스러운 시간이었음을 고백한다. 사랑하는 엄마를 어디에서도 볼 수 없다는 진실에 직면할 때면, 말 그대로 미쳐버릴 것 같았다. 그런 세월이 이어졌다. 준비되지 않은 이별의 고통을 온전히 절감했다.

무작정 부산을 떠나 경기도로 이주하다

그럼에도 나는 포기하지 않았다. 1993년, 지금의 아내를 만나 결혼했다. 생계를 위해 트럭으로 계란, 화장지, 과일을 팔았다. 야간 신학교를 다니며 공부와 일을 병행했다. 졸업 무렵, 부산의 한 교회에서 전도사로 사역을 시작했다. 교인들과 관계도 좋았고, 생활도 비교적 안정적이었다. 교회에서 사택을 제공했고, 적지만 매월 급여가 나왔다.

하지만 독서로 고양된 비판의식을 나눌 만한 사람이 주변에 없었다. 모두 교회에 충실한 거룩한 사람들뿐이었다. 교회 안에 안착하여 세상을 향해 나아가지 않는 사람들 속에서 나의 정신은 견디지 못했다. 소외된 자에 대한 사회적 관심을 교회 안에서는 풀 수 없었다. 결국, 무작정 부산을 떠나기로 결심했다.

경기도로 이주 후 소외된 자들과 함께하다

광주에서 고물상과 학습지 교사로 일하며 장애인 시설을 섬겼다. 이후 새로 지어진 장애인 시설을 따라 안성 일죽 산북리로 이주했다. 이것이 나의 안성 입성의 역사적 순간이었다. 하지만 장애인 시설은 주민들의 반대로 4개월 만에 쫓겨나야 했다. 이후 건넛마을 당촌리로 이주해 교회를 개척했다. 2002년, 목사가 되었다. 시행착오 끝에 '더아모의집'을 18개월에 걸쳐 직접 지었다. 장애인, 청소년, 외국인 노동자, 독거노인 등 소외된 이들을 섬겼다. 하지만 이곳에서도 14개월 만에 땅 주인의 농간으로 쫓겨났다.

정치에 눈을 돌리자 그에 상응하는 고난이 찾아왔다

독서로 고양된 정신은, 모든 실패와 좌절을 통해 나를 깨닫게 했다. 개인적 선의와 헌신만으로는 더불어 사는 세상을 만들 수 없다는 것을, 사회 시스템을 바꾸지 않으면 꿈은 산산이 부서진다는 것을, 정치권력을 바꾸지 않으면 약자의 편에 서는 세상은 불가능하다는 진실을 깨달았다. 그 깨달음은 결국 나를 정치 세계로 눈을 돌리게 했다. 친구 김보라를 안성시장으로 당선시키기 위해 온 힘을 다했다. 2020년, 친구는 안성시장이 되었다. 하지만 그 과정에서 나는 선거법 위반으로 징역 6개월, 집행유예 2년을 선고받았다. 두 차례의 압수수색, 선관위와 경찰서, 검찰, 법원의 호출을 견디며, 선거권과 피선거권 10년 박탈이라는 가혹한 페널티를 안게 되었다. 2022년, 나는 경남 의령으로 피신할 수밖에 없었다. 꿈을 향한 여정에서 한 발짝도 내디딜 수 없는 상황이었다.

역사적 사건이 전환의 계기를 만들다

그러던 중 역사적인 사건이 터졌다. 이 사건은 내 개인적으로도 전환의 계기를 만들었다. 바로 2024년 12월 3일, 12.3사태였다. 이 사건을 계기로, 다시 안성으로 돌아왔다. 무너져 가는 이 사회에서 내가 할 일이 있을 것 같았다. 이 책은 12.3내란 때문에 탄생했다.

가난으로 인한 고통이 개인적 무능 때문인가

이런 길을 걸어온 나는 책을 통해 비판의식이 고양되었다. 과연 내 부모님의 가난과 고통이 자식인 나에게 대물림되는 것은 개인적 무능 때문인가. 개인적인 불운과 게으름의 산물인가.

이 질문에 대해 나의 고양된 정신은 답을 해주었다. 이 사회 시스템이 약자들을 외면했기 때문이라고. 더 나아가 가난한 약자를 양산하는 사회적 시스템의 산물이라고. 그 깨달음은 나를 자연스럽게 소외된 자, 약자에 대한 제도적 관심으로 이끌었다. 이 관심은 나의 삶 전반에 흐르는 핵심정신이 되었다. 나의 모든 사회적 활동은 사회적 약자를 섬기는 일로 점철되었다. 아픔을 겪어본 자만이 아픔을 안다는 진실이 나를 인도했다. '더아모의집'을 통해 소외된 약자를 섬기는 사역은 그 진실의 산물이었다. '더아모'란 '더불어 사는 아름다운 세상을 만들어 가는 모임'의 준말이며 내가 창작한 말이다.

12장에서 살펴본 미국 쌍둥이 연구 결과에서, 정치성향에 영향을 주는 것이 유전적 요인 40%, 환경적 요인 60%라고 했다. 그러고 보면 나는 유전적 요인도 좌파 스타일이고, 환경적 요인도 좌파 스타일이다. 싸이는 강남 스타일, 나는 좌파 스타일. 이런 것을 운명이라고 하지 않으면 무엇을 운명이라고 해야 할까. 나에겐 '좌파 DNA'가 흐르고 있다. 난 천생 좌파다.

세월호에서 하늘의 별이 된 아이들과 약속했었다

나는 지금도, 가난한 부모를 둔 덕분에 대를 이어 고생하는 내 아들딸을 본다. 서울에서 100만 원대 월급으로 버티는 서른두 살 딸을, 아직 취업을 준비하며 밑바닥 생활을 하는 스물여섯 살 아들을 본다. 내 자식과 똑같이 아파하고 헤매는 이 땅의 수많은 청년을 본다. 가난을 극복하는 것은 둘째 치고, 출신 성분(?) 때문에 기회조차 주어지지 않는 내 수많은 아들딸을 안타까운 마음으로 바라본다.

나는 세월호 참사로 희생된 청소년들과 이렇게 약속했었다.

"기성세대가 잘못 살아서 너희들을 사지로 몰았구나. 정말로 미안하고 미안하다. 어른으로서 빚 갚는 마음으로 더욱더 청소년과 다음 세대를 위해 헌신하며 살게. 청소년과 청년이 살기 좋은 세상, 그들에게 기회가 주어지는 세상을 만들어 볼게."

이 모든 이유로 나는 좌파일 수밖에 없다. 내가 좌파인 이유 중 가장 핵심은 '사회적 약자에 대한 관심'이다. 내 삶의 내용과 지향점이 바로 그것이었다. 그것은 오롯이 이 구절 하나로 설명된다. 2001년, 음성 꽃동네 벽에서 본 후 가슴이 설렜던 구절이다. 도대체 저런 사회가 가능할까 싶어, 나는 더 설렜었다. 이렇게까지 설레는 걸 보면 나의 운명임이 분명하다 싶었다.

"한 사람도 소외됨이 없이 더불어 사는 세상을 위하여."

17장

나의 좌파 영웅들
_ 마르크스와 노무현

사실 내가 스스로를 좌파라고 인식하게 된 것은 최근 몇 년의 일이다. 그 전까지 나는 늘 나 자신을 '진보'라고 말했으니까. 그런데 나는 그들을 이렇게 만났다.

안성의 '제갈공명'이 나를 마르크스에게 인도해 줬다

나는 정식 운동권이 아니었다. 운동권 교육은커녕, 운동권과 접촉하거나 같이 활동해 본 경험도 없었다. 다만 검정고시생 시절, 부산에서 87년 6월항쟁에 참여한 경험이 전부였다. 그래서 마르크스는 그저 공산주의를 창시한 인물 정도로, 교과서 속에서만 만난 사람으로 인식하고 있었다.

안성 현장에서 가난하고 소외된 사람들과 어울리며 여러 실패를 겪으면서, 정치권력을 바꿔야 안성이 변한다는 깨달음을 얻고 선거운동에 참여했다. 시민사회 동료가 안성시장이 되니, 그를 도와 나도 정치 선수가 되어야겠다고 결심했다. 정치에 문외한인 내가 찾아간 멘토는 안성의 지역 선배 Y였다. 그는 지역에서 민주진영의 '제갈공명'으로 통했다. 정치적 식견과 지역 정세를 읽는 능력이 뛰어나, 정치에 나서려는 사람이라면 누구나 조언을 구하러 갔다. 절박했던 나는 끈질기게 그에게 멘토링을 부탁했다. 처음에는 쉽게 받아주지 않았다. 하지만 꾸준히 찾아가자, 그는 내가 해야 할 일이 있다며 숙제를 내주었다.

그 숙제는 마르크스 관련 책 세 권을 읽고 독후감을 써 가는 것이었다. 처음엔 이해가 가지 않았다. 안성 같은 보수의 텃밭에서 정치를 하기 위해서는 보수의 생리와 전략과 관련된 공부, 아니면 차라리 당시 야당이던 더불어민주당과 관련된 공부가 필요할 거라고 생각했다. 그런데 평생 마르크스와 인연 없던 나에게 '마르크스 읽기'라는 숙제가 주어졌다.

그때 만나게 된 세 권의 책은 《칼 마르크스, 그의 생애와 시대》(미다스북스), 《자본론 외》(동서문화사), 《청년이여, 마르크스를 읽자》(갈라파고스)였다. 특히 《청년이여, 마르크스를 읽자》를 통해 나는 전혀 새로운 마르크스를 만났다. 이어 영화 '청년 마르크스'(감독 라울 펙)를 보며, 오랜만에 역사적 인물을 통해 마음이 울리는 경험을 했다. 독후감을 Y에게 건넨 후, 우리는 마르크스에 대해 토론했다. 내 자세를 확인한 Y는 마침내 나의 멘토가 되어 주었다. 큰 힘을 얻었지만, 선거법 위반으로 6개월 실형이 확정되며 내 꿈은 잠시 좌절되었다.

《청년이여, 마르크스를 읽자》가 나를 바꾸어 놓았다

세 권 중 《청년이여, 마르크스를 읽자》는 나에게 새로운 길을 제시했다. 정확히 말하면, 내가 걸어왔고 앞으로 걸어가야 할 길이 어떤 것인지 새롭게 인식하게 했다. 책에서는 이렇게 말한다.

"마르크스주의에 사람들이 매혹당한 가장 큰 동기는 '가난한 사람들, 배를 굶는 사람들, 수탈당하는 사람들, 사회적 불의를 견디는 사람들'에 대한 우리 자신의 '양심'이다."(10쪽)

마르크스주의에 매혹당하는 이유가 '사회적 약자에 대한 양심'이라는 것이다. 영화 '청년 마르크스'에서도, 그는 동시대의 약자와 함께 아파하고 분노했다. 그 점이 '나는 좌파의 운명'임을 알려주었고, 내가 마르크스에게 매혹된 가장 큰 이유였다. 이어 책은 이렇게 말한다.

"공동체는 가장 연약하고 힘없는 사람들도 전체 구성원의 일원으로 자존감을 갖고 각자의 책무를 다할 수 있는 제도를 만들어야 한다."(12쪽)

약자와 더불어 사는 세상은 단순한 동정이 아니라 우리의 책임이라는 메시지다. 그런 세상을 위해 제도를 갖춰야 한다고 강조한다. 또한, 마르크스는 권력 획득의 필요성을 명확히 했다.

"공산주의자의 당면 목적은 우선 정치권력을 획득하는 것이다."(32쪽)

나는 현장에서 여러 한계를 경험하며 이 말을 절실히 이해하게 되었다. '공산당 선언'에서도 그는 이렇게 못박았다.

"노동자 혁명의 첫걸음은 프롤레타리아트를 지배 계급으로 고양시키고, 민주주의를 쟁취하는 것."

이 목표는 시민이 주인인 세상을 만들라는 의미였다. 대한민국 민주주의를 응원하는 메시지와 다르지 않다. 책의 저자 우치다 타츠루는 마르크스가 지향한 것을 이렇게 설명한다.

"인간에 의한 인간을 위한 인간적인 본질의 현실적 획득으로서의 코뮌주의."(152쪽)

이는 《경제철학 초고》(1844)의 "공산주의는 사적 소유의 폐지이며, 인간의 자기소외의 폐지이며, 따라서 인간 본질의 현실적 획득이다"를 현대적으로 해석한 것이다. 즉, 'by the people, for the people, of the people'로 요약할 수 있다. 링컨의 게티즈버그 연설보다 20년 앞선 개념이다. 마르크스는 혁명을 넘어, 사람(시민)이 주인인 세상을 꿈꾸었다. 나의 롤 모델 노무현이 꿈꾸던 세상과도 닮아 있다.

마르크스의 또 다른 매력, '의회를 통한 정치권력 획득'

또 하나의 매력은 마르크스가 폭력혁명을 주장하지 않았다는 점이다.

"물리적으로 말살하자는 혁명론은 마르크스에게서 나온 것이 아니다."(138쪽)

폭력에 의한 권력획득은 스탈린과 레닌의 사례다. "마르크스는 만년까지 의회를 통한 정치권력 획득 방법을 탐구했다(35쪽)"라고 이 책은 강조한다. 그의 유랑 역사는 나와 비슷했다.

독일 쾰른 → 프랑스 파리(1843~1845) → 벨기에 브뤼셀(1845~1848) → 독일 쾰른(1848~1849) → 프랑스 파리(1849) → 영국 런던(1849~1883)

모두 기존 세력의 추방 때문이었다. 하지만 그는 원망하지 않고, 끝까지 책을 써서 코뮌주의를 설파했다. 나 역시 원망하지 않고, 책을 써서 '더불어 사는 세상'을 설파해 갈 것이다.

'미안한 사람' 노무현이 나의 좌파적인 롤 모델

노무현을 생각하면 눈물부터 나는 사람들이 많다. 나도 그중 한 사람이다. 그 눈물의 의미는 아마 '내가 그를 지켜주지 못했다'라는 미안함 때문일 것이다.

2003년 10월 18일, 노무현 대통령이 주재한 국가안전보장회의에서 이라크 추가 파병이 결정됐다. 자주국방을 강조하던 그가 내린 결정이 맞는지 의심했다. 2004년 4월 1일, 한국 최초로 자유무역협정(FTA)이 발효됐다. 칠레 FTA였다. 한국 농민을 죽이는 협정이라며, 나는 노무현 정부를 비판했다. 같은 해 5월 31일, 김선일 씨가 이라크에서 피랍됐다. 그의 목숨을 포기하는 정부를 규탄하며 안성 시민단체 동료들과 규탄대회를 주도했다. '사람 사는 세상'이 정치적 구호에 그치지 않길 바랐기 때문이다. 나의 '노무현 멀리하기'는 2006년 5월 4일 평택 팽성 대추리 미군기지 반대 현장으로 정점을 찍었다. 5월 3일부터 밤을 새우며 현장을 지켜봤다. 5월 4일 새벽, 전경과 반대 시위자의 충돌을 목격하며 노무현에 대한 애정을 한 톨도 남김없이 거두었다.

2009년 5월 23일, 가난한 청소년들과 함께 안면도 체험을 하던 중 들려온 노무현 서거 소식. 감흥은 없었다. 여러 사람을 책임져야 하는 상황이기도 했지만 이미 대추리에서 그의 한계를 체감했기 때문이었다. 하지만 그로 인해 '내가 그를 지켜주지 못했다'라는 미안함과 '내가 그를 몰라줬다'라는 미안함을 동시에 느껴야 했다. 돌이켜보면 그는 한국 사회에서 누구보다 '좌파적 가치'를 실현한 대통령이었다. 나는 그를 오해했고, 그가 짊어진 무게를 미처 알지 못했다. 이제 노무현은 내가 닮고 싶은 롤 모델이자, 좌파적인 영웅이다. 노무현이 말한 세상은 내가 꿈꾸는 더불어 사는 세상과 닮아 있다.

"제가 생각하는 이상적인 사회는 더불어 사는 사람 모두가 먹는 것, 입는 것 걱정 없이, 하루하루가 신명 나게 이어지는 그런 세상이라고 생각합니다."
- 노무현, 1988년 7월 8일 대정부 질문

모두가 기본적인 삶을 걱정하지 않는 사회가 '기본사회'다. 국민의 기본(주택, 소득 등)을 국가가 책임지는 사회다. 그것은 복지적 동정이 아니라 생산 구조적으로 평등한 시스템이 정착된 사회다. 노무현에게 빚진 마음으로 나는 이 세상을 향해 나아가고자 한다.

나는 이 두 사람에게서 '좌파의 길'을 배웠다

좌파는 단순한 정치적 구호가 아니다. 좌파는 세상을 읽는 눈, 억압과 착취를 감지하는 감각, 대안을 모색하는 실천 의지다. 불평등을 당연시하지 않고, 억울함을 외면하지 않으며, 함께 싸울 방법을 고민한다. 기득권, 불평등, 낡은 질서와 정면으로 맞선다.

나에게 좌파란, 기득권의 편이 아니라 약자의 편에 서는 것이다. 나는 마르크스와 노무현에게서 배운다. 이기는 것보다 지더라도 싸우는 것이 중요하다는 것을, 편한 길 대신 험한 길을 마다하지 않는다는 것을, 혼자가 아닌, 깨어 있는 시민과 함께 가야 한다는 것을. 나는 이 좌파적 가르침을 가슴에 품고, 더불어 사는 세상을 위해 걸어갈 것이다.

'만국의 시민이여! 단결하라!'

18장

좌파적인 것이 세상을 구원하리라
_ 앞으로 펼쳐질 한국과 세계의 전망

세상을 구원한다는 말은 다분히 기독교적이고, 자칫 엘리트적인 뉘앙스를 풍긴다. '구원 당해야(?) 하는 사람들'의 입장에서 보면 자존감에 상처를 받을 수도 있고, 구원자와 피구원자로 나누는 구도 자체가 불편하게 느껴질 수도 있다. 그래서 이 말은 조심스럽다. 그러나 지금 내가 말하는 '구원'은 그런 의미가 아니다. 누군가가 누군가를 구해주는 이야기가 아니다. 구원해야 할 대상도 우리 인류이고, 구원해야 할 주체 또한 우리 인류 자신이다.

'좌파적인 것이 세상을 구원하리라'라는 말은 나의 두 좌파 영웅, 마르크스와 노무현이 품었던 확신이었고, 지금은 나의 확신이기도 하다. 그렇다면 과연 지금의 세상은 어떤 상태이기에 '구원'이라는 말까지 꺼내게 되는 것일까. 수많은 지구적 난제가 있지만, 그중 핵심적인 두 가지를 꼽자면 나는 주저 없이 기후위기와 불평등을 말하고 싶다. 21세기의 시대정신은 결국 이 두 문제를 어떻게 해결하느냐에 달려 있다. 그리고 이 문제 앞에서 연대와 공공성, 평등과 생명을 중심에 두는 좌파적 가치가 구조적이고 지속 가능한 해법에 가장 가까이 다가가 있다고 나는 믿는다. 그 이야기를 지금부터 해보려 한다.

"요즘도 못 먹고 사는 사람이 있어?"

불평등은 통계 속 숫자로만 존재하지 않는다. 내가 직접 만나온 사람들의 삶 속에서 그것은 매우 구체적인 현실로 모습을 드러낸다.

2025년 5월 25일, '더아모의집' 집들이를 했다. 많은 분이 오고 싶어 했지만, 이날은 '더아모의집'과 서로 섬기며 살아온 분들만 초대했다. 그중에는 근육병을 앓다 20대에 세상을 떠난 완채 군과 윤채 군의 어머니 U님, 자기 삶도 버거운데 여러 아이를 키워 결혼까지 시키고 손주를 돌보는 L님, 그리고 남편을 잃은 뒤 지적장애 아들과 비장애 아들을 홀로 키워낸 Y님, 안성의 두 청소년 그룹홈 원장 부부도 있었다.

이날 나에게 따로 자신의 이야기를 들려준 사람은 Y님이었다. 큰아들이 갓난아기였을 무렵, 남편이 의료사고로 세상을 떠났다. 그 충격을 수습하는 과정에서 어린 아들이 방치되었고, 결국 후천적 지적장애를 갖게 되었다. 정신을 차리고 보니 이미 삶은 감당하기 힘든 상태에 이르러 있었다. 장애를 가진 아들을 포함해 두 아들을 키우기 위해 그녀는 안 해본 일이 없었다. 새벽부터 밤까지 투잡은 기본이었다. 어느 날, 삶이 너무 버거워 아파트 창문을 열고 두 아이에게 이렇게 말했다고 한다.

"누가 먼저 뛰어내릴래?"

자신이 먼저 죽으면 이 아이들이 이 세상을 살아갈 수 없을 것 같았기 때문이라고 했다. 그래서 '자녀 동반 자살'을 선택하는 부모들의 심정을 충분히 이해할 수 있다고 말했다. 그렇게 극단적인 선택 앞까지 갔던 그녀는 결국 살아남았고, 공장에 출근해 일하고 집으로 돌아왔다. 그날 집에 들어서자, 장애가 있는 큰아들이 집 안의 모든 창문과 문을 닫아놓고 있었다. 그리고 이렇게 물었다고 한다.

"엄마, 우리 안 죽으면 안 돼?"

지금도 그 순간을 떠올리면 억장이 무너진다며 그녀는 눈시울을 붉혔다. 내가 지금도 가장 힘든 게 뭐냐고 묻자, 그녀는 한 치의 망설임도 없이 이렇게 말했다.

"먹고사는 거요."

가난을 대물림하는 사람들

2001년부터 '더아모의집'을 운영하며 내가 만난 사람들의 상당수는 이런 삶을 살고 있다. 요즘 세상에도 여전히 먹고사는 것이 가장 큰 고통인 사람들이 있다. 가만히 돌아보면, 나의 가족사 또한 크게 다르지 않다. 가난한 노동자였던 부모님은 평생 무허가 주택에서 살다 결국 그 집에 깔려 돌아가셨다. 나는 공부를 잘했지만, 가난한 집안을 책임져야 했기에 부산의 신학교 진학으로 만족해야 했다. 화장지 장사, 고물 수집, 막노동에 이르기까지 안 해본 일이 없었다. 나의 딸 역시 서른이 넘도록 사업에 도전하며 버텼지만, 2026년 현재 서울에서 월 200만 원도 채 안 되는 급여로 살아가고 있다. 우리 가족은 세대를 건너 가난을 대물림해 왔다고 말해도 과장이 아니다.

이처럼 '못 먹고 사는 사람들'은 지금도 수없이 존재한다. 이들에게 가난은 개인의 나태나 무능의 결과라기보다 구조 속에서 반복되는 삶의 조건에 가깝다. 이런 현실 앞에서 좌파적 가치가 강조하는 공공성과 연대는 단순한 이상이 아니라 구조를 바꾸기 위한 실천의 언어가 된다. 세계로 눈을 돌리면 상황은 더 분명해진다. 유엔 인도주의업무조정국이 발표한 자료에 따르면 전 세계 인구 11명 중 1명 꼴인 약 7억 3천만 명이 만성적 기아 상태에 놓여 있으며, 매년 약 900만 명이 굶주림으로 목숨을 잃고 있다. 불평등은 개인의 문제가 아니라 인류 전체의 지속가능성을 위협하는 구조적 위기다.

경제가 성장하니 불평등도 성장한다

한국 사회는 이미 만성적인 불평등 상태에 들어섰다. 세계불평등연구소의 보고에 따르면, 한국의 상위 10%가 하위 50%보다 소득은 14배 높고, 부는 52배 더 많이 보유하고 있다. 특히 1980년 이후 소득과 부의 격차는 지속적으로 커져 왔다. 나는 이 지점에서 한국 사회의 고속 경제성장이 시작된 1970년대 이후를 함께 떠올린다. 경제성장이 가속화되는 동안 우리는 그 이면에서 불평등 역시 함께 가속되고 있다는 사실을 충분히 인식하지 못했다. 그 결과 지금의 양극화된 사회 구조에 이르렀다.

물론 경제성장과 자유시장경제가 한국 사회에 기여한 바가 없다고 말할 수는 없다. 적어도 20세기 후반까지 우파적 가치가 일정한 역할을 해온 것도 사실이다. 그러나 지금 우리는 그 모델이 분명한 한계에 다다르고 있음을 직시해야 한다. 과거에 작동했던 논리가 오늘날에도 그대로 유효하다고 말하기는 점점 어려워지고 있다.

'눈부신 경제성장 잔치'는 이미 끝나가고 있다

우리는 오랫동안 경제성장을 거의 신앙처럼 믿어왔다. 경제가 성장하면 일자리가 늘어나고 모두의 삶이 조금씩 나아질 것이라는 믿음이었다. 실제로 한국 사회는 이 믿음 덕분에 산업화와 민주화를 동시에 이루어냈고, 일정 기간은 그 믿음이 현실에서 작동하기도 했다.

그러나 이제 그 공식은 더 이상 이전처럼 작동하지 않는다. 1960~80년대 고도성장기 동안 세계 평균 성장률은 점진적으로 낮아졌음에도, 한국은 두 자릿수에 가까운 고성장을 유지했다. 그러나 1990년대를 지나며 한국의 성장률은 급격히 둔화되었고, 2000년대 이후에는 세계 평균과 비슷한 수준으로 수렴했다. 2020년대에 들어서는 한국과 세계 모두 2%대 저성장 국면에 접어들고 있다. 이는 일시적 침체라기보다 성장 중심 경제 모델 자체가 한계에 도달했음을 보여주는 흐름이다. 한국은행과 국제기구들이 내놓는 성장률 전망치는 해마다 낮아지고 있다. 세계 경제 역시 마찬가지다. 글로벌 금융위기 이후 세계는 한 번도 이전의 성장 궤도로 돌아가지 못했다. 이는 일시적 침체라기보다 구조적 변화에 가깝다. 과거에는 성장의 과실이 불균등하더라도 '조금만 더 기다리면'이라는 말이 설득력을 가졌다. 그러나 지금은 다르다. 성장의 속도 자체가 둔화되고 있고, 그마저도 상위 계층에 집중되고 있다. 더 이상 성장만으로 불평등을 상쇄할 수 없는 국면에 들어선 것이다.

이 지점에서 나는 묻지 않을 수 없다. 우리는 언제까지 '곧 좋아질 것'이라는 말로 현재의 고통을 견뎌야 하는가. 더 근본적인 문제는 우리가 여전히 자본주의 핵심가치, 즉 무한성장을 전제로 한 경제 모델 안에서 사고하고 있다는 점이다. 자원이 유한한 지구 위에서 끝없는 성장을 기대하는 발상 자체가 현실과 충돌하고 있다.

경제대국은 경제도 환경도 모두 불평등하게 했다

여기서 환경위기를 언급하지 않을 수 없다. 경제성장이 잘 된 선진국이 자원을 더 많이 소비하고, 그 결과 탄소배출이 많아진 것은 우연이 아니다. 지구상에서 경제성장을 이루어 강대국이 되었다는 것은, 상당 부분 가난한 나라의 물적 자원과 인적 자원을 값싸게 이용하고 그 과정에서 환경 부담을 외부화한 결과이기도 하다. 이런 점에서 보면, 지구상에서 말하는 '경제대국'이란 '경제적 불평등을 선도해 온 나라'이자 동시에 '지구환경의 불평등을 선도해 온 나라'라는 의미를 함께 지닌다.

대한민국은 이미 휴대폰 강국이 되었다. 그러나 휴대폰 배터리의 원료 공급 문제만 살펴보아도 생각해 볼 지점이 많다. 휴대폰 배터리의 핵심 원료인 코발트는 콩고민주공화국이 전 세계 생산량의

70% 이상을 차지하고 있다. 이 코발트는 휴대폰뿐 아니라 전기자동차, 노트북 등 각종 첨단 산업의 배터리에 필수적으로 사용된다. 유니세프에 따르면 최소 4만 명 이상의 어린이가 콩고의 소규모 광산에서 일하고 있다. 이 어린이들은 하루 1~2달러 이하의 임금을 받으며, 건강보험이나 안전 장비도 없이 일한다. 인신매매와 강제노동에 노출되어 있고, 광산 터널 붕괴 사고로 인한 사망도 빈번하게 발생한다. 첨단 산업의 이면에서 가장 취약한 존재들이 가장 위험한 노동을 떠안고 있는 현실이다.

사실 지금의 세계 산업 구조는 대체로 이런 메커니즘으로 작동한다. 경제성장을 위해 값싼 노동력이 있는 나라의 인력을 활용하고, 값싼 원자재를 공급하는 나라의 자원을 사용해 원가를 최대한 낮춘다. 그렇게 생산된 완제품은 다시, 노동력과 자원을 제공한 나라를 포함한 세계 시장에 상대적으로 비싼 가격으로 판매되어 이윤을 남긴다. 이 과정에서 이익은 특정 국가와 기업에 집중되고, 사회적·환경적 비용은 주변부로 밀려난다. 우리가 지구환경을 생각한다며 전기자동차의 판매와 사용을 확대하고 있지만, 이 또한 이러한 구조에서 완전히 자유롭지 않다. 전기자동차를 더 많이 사용한다는 것은, 한정된 코발트를 더 빠른 속도로 소모한다는 뜻이기도 하다. 이는 콩고의 어린이들과 노동자들에 대한 착취 구조를 강화할 위험을 내포하며, 결과적으로 경제 불평등과 환경 불평등을 동시에 확대할 가능성을 안고 있다.

경제 불평등은 곧 환경 불평등이다

기후위기는 모두에게 동일하게 다가오지 않는다. 탄소를 가장 많이 배출해 온 사람들과 국가는 상대적으로 안전한 지역에서 더 나은 인프라와 대응 능력을 갖춘 채 살아간다. 반면 기후위기의 피해는 가난한 국가와 사회적 약자에게 먼저, 그리고 더 가혹하게 닥친다. 이미 수치가 이를 분명히 말해준다. 2021년 기준 세계 온실가스 배출량 상위 국가는 중국, 미국, 인도, 러시아로, 이 네 나라의 배출량만 합쳐도 전 세계의 절반을 훌쩍 넘는다. 경제 규모가 크고 산업화에 성공한 나라일수록 더 많은 탄소를 배출해 왔다는 뜻이다. 문제는 그들이 만들어낸 위기의 대가를 정작 그들 자신이 아니라 더 가난하고 취약한 나라들이 치르고 있다는 점이다.

불평등은 국가 간에만 존재하지 않는다. 소득 상위 계층과 하위 계층 사이에도 뚜렷하게 나타난다. 영국 일간지 가디언은 세계 인구 상위 1%가 전 세계 탄소 배출량의 약 16%를 차지하며, 이는 하위 66% 인구가 배출하는 양보다 많다고 보도했다. 상위 10%의 인구가 전체 배출량의 절반 가까이 차지하는 반면, 하위 50%는 10% 남짓에 불과하다. 가장 적게 배출한 사람들이 가장 큰 피해를 감당하고 있는 셈이다.

폭염과 가뭄, 홍수와 식량 위기는 언제나 사회적 약자에게 먼저 닥친다. 열악한 주거 환경, 불안정한 노동 조건, 취약한 사회안전망은 기후위기를 곧바로 생존의 위기로 바꿔 놓는다. 그래서 환경 문제는 단순히 '자연 보호'의 문제가 아니다. 그것은 명백한 사회 정의의 문제이며, 불평등의 문제다. 이로 보건대, 불평등과 기후위기는 결코 분리된 문제가 아니다. 둘은 이미 하나가 된 지 오래다. 경제적 불평등이 심화할수록 환경적 불평등 또한 깊어진다. 경제 불평등은 곧 환경 불평등이다.

'기후위기와 불평등', 해법이 보이지 않는 이유

문제는 이 위기 앞에서 뚜렷한 해법이 보이지 않는다는 데 있다. 기후위기를 해결하기 위해 국제사회는 여러 협약을 체결해 왔다. 대표적인 것이 1997년의 교토의정서와 2015년의 파리협정이다. 그러나 이 협약들에 담긴 각국의 약속을 들여다보면 구조적 한계가 분명히 드러난다. 미국은 2030년까지 2005년 대비 50~52%의 온실가스를 감축하고, 2050년 탄소중립을 달성하겠다고 밝혔다. 중국은 2030년까지 GDP 대비 탄소배출량을 2005년 대비 65% 이상 줄이고, 비화석에너지 비중을 25%까지 끌어올리겠다고 한다. 일본은 2030년까지 2013년 대비 46% 감축, 한국은 2030년까지 2018년 대비 40% 감축을 목표로 하며, 모두 2050년 탄소중립을 약속하고 있다.

겉으로 보면 상당히 진전된 약속처럼 보인다. 그러나 이 나라들 가운데 경제성장을 멈추겠다고 말하는 국가는 단 하나도 없다. 오히려 대부분의 국가는 '성장과 탄소감축을 동시에 달성하겠다'라는, 이른바 '녹색성장'을 전제로 한다. 여기서 모순이 발생한다. 한국의 경우만 보더라도, 2030년은 지금으로부터 불과 몇 년 뒤다. 그 짧은 기간 안에 탄소배출량을 2018년 대비 40% 줄인다는 것은, 지금까지의 산업구조와 소비방식을 근본적으로 바꾸지 않고서는 거의 불가능한 목표다. 결국 이는 경제 전반의 성장 속도를 크게 낮추거나 최소한 기존의 성장 방식과 결별해야 한다는 뜻이 된다. 과연 한국 사회와 기업들이 이에 합의할 수 있을까. 설령 합의한다고 해도 실제로 달성할 수 있을지는 또 다른 문제다.

더 근본적인 문제는 지금의 세계 경제 시스템 자체가 불평등을 전제로 성장해 왔다는 사실이다. 선진국과 대기업, 상위 소득 계층은 막대한 에너지와 자원을 소비하며 성장해 왔고, 그 과정에서 발생한 탄소 배출의 부담은 가난한 국가와 취약한 계층에 전가되어 왔다. 이런 구조를 그대로 둔 채 '탄소중립'만 외치는 것은 책임과 비용을 다시 약자에게 떠넘기겠다는 말로 들릴 수밖에 없다. 이론적으로만 보면 탄소제로의 세상을 만드는 가장 확실한 방법은 분명하다. 경제 성장을 멈추거나, 최소한 지금과 같은 방식의 성장을 중단하는 것이다. 그러나 현실에서 이는 곧바로 대규모 실업과 사회적 혼란, 국가 재정의 위기로 이어질 가능성이 크다. 특히 사회안전망이 취약한 나라일수록 그 충격은 더 치명적일 것이다.

결국 우리는 딜레마 앞에 서 있다. 경제성장을 지속하면 기후위기는 악화되고, 성장을 멈추면 경제적 파국이 기다린다. 이 딜레마가

풀리지 않는 이유는 분명하다. 기후위기를 기술의 문제로만 다루고, 불평등의 문제로 정면에서 마주하지 않기 때문이다. 성장의 과실은 소수가 누리고 위기의 비용은 다수가 떠안는 구조가 바뀌지 않는 한 '기후위기와 불평등'의 문제는 결코 해결되지 않는다.

그럼에도 해법은 있다

그럼에도 해법은 있다. 그것은 더 이상 성장률의 숫자를 높이는 데 사회의 모든 에너지를 쏟지 않는 것이다. 지금부터 우리는 경제성장 목표치를 점차 줄이고, 자본주의 방식의 성장 중심 정책이 아니라 사회주의적 분배 원리가 작동하는 정책을 진지하게 모색해야 한다. 이는 성장을 전면 부정하자는 이야기가 아니라 성장 일변도의 경제 메커니즘을 분배와 생존이 중심이 되는 메커니즘으로 전환하자는 제안이다. 말하자면, 지금의 핵심 가치로 작동해 온 자본주의의 작동 방식을 그대로 유지한 채 문제를 해결하겠다는 발상에서 벗어나야 한다는 뜻이다. 무한성장을 전제로 한 경쟁 중심의 가치체계를 멈추고, 새로운 핵심 가치 - 연대, 공공성, 생명 - 가 실제 제도와 정책으로 구현되는 방향으로 나아가야 한다.

이처럼 기후위기와 불평등은 자본주의가 한계에 도달했음을 보여주는 인류 문명의 위기다. 이제는 경쟁과 성장 대신 연대와 생존을 중심에 두는 가치 전환이 필요하다. 공공성과 복지, 생명 중심의 윤리를 실천하는 좌파적 정치와 정책만이 이 위기를 구조적으로, 그리고 지속 가능하게 돌파할 수 있는 출구라고 나는 믿는다. 그래서 나는 말한다. '좌파적인 것이 세상을 구원하리라'라고. 지금 우리가 직면한 문명의 위기 - 불평등과 기후위기 - 는 단순한 경기 순환의 문제가 아니라, 기존 자본주의 문명이 지닌 근본적 한계를 드러낸다. 이런 총체적 위기 속에서 좌파는 다시 필요해진다. 그것은 단지 패자의 편에 서는 정치적 연대가 아니라, 이 위기를 넘어설 새로운 가치와 사회 구조를 상상하고 제도화하려는 사상이며 실천이다. 그래서 오늘날 좌파는 하나의 선택지가 아니라 문명 전환을 요구하는 시대의 필연적 요청이다.

'실업률' 급상승, 좌파의 해법 외에 길이 있을까

덧붙이자면, 지금과 미래의 실업률을 보아도 좌파적 해법은 필수적이다. 현재 청년실업률과 고용불안정 사태가 심각하지만, 미래로 갈수록 그 문제는 더욱 심화될 전망이다. 미래학자들의 연구에 따르면, 향후 20~30년 안에 실업률이 70~90%에 이를 수 있다고 한다. 이때가 되면 기존 경제 구조, 즉 기업이 생산하고 소비자가 소비하여 그 이윤으로 기업이 다시 생산하는 순환 구조로는 사회가 돌아갈 수 없다. 기업이 아무리 생산해도 소비자가 부족하면 경제는 마비되고 기업 또한 지속할 수 없게 된다.

이때 경제를 돌리는 유일한 방법은 소비자에게 일정한 소득을 제공하는 것이다. 누가 책임지는가? 바로 정부다. 이러한 구조가 바로 기본소득이며, 단순한 복지 차원을 넘어 경제 시스템을 유지하는 핵심적 장치다. 동시에, 기본소득은 지구 환경 문제와도 연결된다. 안정적 소득이 보장될 때 시민들은 무리한 소비 대신 지속 가능한 생활을 할 수 있으며, 이는 환경 부담을 줄이는 구조적 장치로 작동할 수 있다. 더 나아가, 정부가 시민의 기본생활, 즉 소득과 주거를 책임지는 사회, 곧 기본사회를 만드는 것이 필요하다. 그렇지 않으면 '실업자 폭발 시대'에 시민이 생존할 확률은 낮아지고, 경제 순환은 마비될 수밖에 없다. 시민의 생존이 보장될 때만 소비가 가능하며, 그렇게 해야 한국과 지구가 동시에 직면한 최대 난제, 즉 '불평등과 기후위기'를 점진적으로 해결할 수 있다.

좌파적 해법 중 더 근본적인 해법이 여기에 있다

기본소득과 기본사회는 좌파적 해법의 중요한 축이다. 일정한 소득과 주거를 보장함으로써 시민의 생존을 확보하고 경제 순환을 유지할 수 있는 시스템이다. 그러나 이 접근은 분배에 초점을 맞춘 해법이라는 한계를 지닌다. 분배는 주로 세금으로 충당되며, 정부 재정이 무한하지 않기 때문에 장기적·구조적 문제를 완전히 해결할 수 없다.

이 지점에서 우리는 마르크스적 좌파 해법의 근본 원리에 주목해야 한다. 자본주의의 근본 문제는 생산수단의 사유화에서 비롯된다. 다시 말해, 생산수단을 일부 자본가가 독점하고, 그 결과 경제적 불평등과 사회적 불평등이 굳어지는 구조적 문제다. 따라서 진정한 좌파적 해법은 생산수단의 사유화를 점차 줄이고 공공화로 전환하는 길이다. 실제로 이를 실현한 사례로 스페인 바스크 지역의 몬드라곤 협동조합을 들 수 있다. 이 협동조합은 노동자들이 소유와 경영에 참여하며, 생산과 이윤을 공동으로 관리하는 시스템으로 운영된다. 단순히 일부 지역의 실험에 그치지 않고, 이러한 모델을 체계적으로 연구하고 장단점을 분석하여, 세계 여러 나라에 적용 가능한 확장 모델을 설계하는 것이 중요하다. 중앙정부가 정책적·제도적 기반을 마련하고, 지자체와 지역사회가 함께 참여하는 방식으로 실현해야 한다.

몬드라곤 협동조합은 단지 하나의 사례일 뿐이다. 우리는 '생산수단의 사유화 → 공공화'라는 원리를 적용할 수 있는 다양한 길을 모색해야 한다. 단순히 세금으로 분배하는 것에 의존하지 않고, 산업구조와 경제체질 자체를 근본적으로 바꾸는 길이다. 이를 통해 경제적 권력과 정치적 권력을 시민에게 돌려주는 진정한 민주적 구조를 만들 수 있다. 물론 이 길은 험난하다. 제도적 저항과 이해관계 충돌이 예상되고, 정책적 시행착오도 불가피하다. 그러나 이것이 바로 좌파의 본래 길이며, 근본적인 해법이다. 불평등과 기후위기라는 시대적 난제를 단순한 분배 정책으로만 해결하려는 시도를 넘어 사회 구조를 근본적으로 바꾸는 길, 그것이 바로 우리가 살아남고 미래를 열어갈 수 있는 길이다.

탄핵 이후, 우리가 다시 선택해야 할 길

윤석열 대통령 탄핵이라는 사건은 한국 사회에 큰 상처를 남겼다. 그러나 동시에 질문을 던진다. 우리는 어떤 사회로 가고 싶은가. 이전으로 돌아갈 것인가, 아니면 새로운 길을 모색할 것인가. 나는 후자를 선택해야 한다고 믿는다. 갈등과 논쟁이 불가피하겠지만, 지금이 아니면 더 늦을 수도 있다. 지금 이대로는 안 된다. 가던 길을 멈추고 새로운 길을 가야 한다. 그러지 않으면 우리 모두 위험해질 수 있다. 이 길은 쉽지 않을 것이다. 우리는 치열하게 토론해야 한다. 때로는 갈등할 수 있고 상처받을 수도 있다. 그럼에도 나는 이 길을 가자고 말하고 싶다. 이 길을 나는 감히 '좌파의 길'이라 부른다. 더불어 사는 길이기 때문이다.

19장

좌파적인 세상은 가능한가
_ 평등한 세상을 위한 해법

좌파적인 세상은 가능한가. 더 직접적으로 말하자면 평등한 세상은 가능한가. 만일 가능하다면 무엇으로 가능한가. 두 가지 질문에 대한 답을 폴 크루그먼(프린스턴대 교수, 2008년 노벨경제학상 수상)의 저서 《새로운 미래를 말하다》(엘도라도, 2012)를 중심으로 풀어가고자 한다. 이 책은 나의 좌파 영웅 노무현이 추천한 책이기도 하다. 그리고 이번 장은 인용한 날것을 그대로 유지한다. 이 장은 내가 말하는 장이 아니라 역사가 스스로 말하게 하는 장이다.

아니, 미국 역사에 이런 일이 있었다니

평등한 사회가 실제로 가능한가를 알려면 어떻게 해야 할까. 세계사 속에 그러한 사례가 있었는지를 살펴보면 된다. 소규모 공동체가 아니라 국가 단위에서, 그리고 짧은 순간이 아니라 상당한 기간 동안 지속된 사례라면 더욱 신뢰가 갈 것이다.

다음은 책 《새로운 미래를 말하다》가 전하는 기록이다. 읽다 보면 '세상에 이런 일이?'라고 외치고 싶을 정도다.

"제일 작은 마을이나 가장 고립된 지역의 사람들까지도 풍요한 중산층의 생활을 누리고 있다."(58쪽)

"평범한 노동자들과 그의 가족들이 지금까지 맛보지 못했던 국가의 번영을 공유했다."(59쪽)

"노동자 계층의 국민에게 이전에는 상상조차 할 수 없는 높은 생활수준을 제공했다."(62쪽)

"부자와 서민의 옷차림에서 나타나는 차이도 거의 없어졌다."(66쪽)

"대공황 이전보다 훨씬 더 평등해졌음을 입증할 수 있었다."(67쪽)

놀랍게도 이런 시대가 미국에 있었다. 그것도 1~2년이 아니라 30년 동안. 자본주의 최첨단을 달리며 한국 우파가 이상적인 국가로 추종하는 바로 그 나라에서 말이다. 역사가들은 이 시기를 '대압착(Great Compression)시대', 이러한 현상을 '대압착'이라고 부른다.

"경제사가인 클라우디아 골딘과 로버트 마고는 1920~1950년대 미국에서 벌어진 소득격차가 줄어드는 현상, 즉 부유층과 노동자 계급의 차이가 급격히 줄고 노동자 사이의 임금 차도 줄어든 현상을 가리켜 '대압착'이라 일컬었다."(59쪽)

그렇다면 미국에 무슨 일이 있었던 걸까? 혁명이나 대규모 폭동이 있었던 것일까? 그 해답을 찾아서 미국 역사 여행을 떠나보자.

'대압착' 이전, 화려했지만 불평등했던 도금시대

1920~50년대 '대압착시대'를 이해하려면 그 이전의 미국을 먼저 살펴볼 필요가 있다. 크루그먼은 1870년대부터 뉴딜 정책이 본격화된 1930년대까지를 "길었던 도금시대"라고 불렀다. 원래 미

국사에서 '도금시대'는 남북전쟁 이후 급격한 산업화가 시작된 1865~1893년을 가리킨다. 철도가 전국적으로 건설되고, 대기업이 급성장하며, 이민이 폭발적으로 늘어난 시기였다. 겉으로는 눈부신 발전과 번영이 보였지만, 그 속은 달랐다. 대기업의 횡포, 극심한 빈부격차, 부패한 정치 그리고 금융공황이 뒤따랐다. 그래서 이 시대를 '도금(Gilded)'이라 부른다. 얇은 금박으로 겉만 번쩍이게 하지만, 벗겨내면 볼품없는 속살이 드러나는 것. 크루그먼은 1893년 이후 1930년대까지도 본질적으로 같은 상황이 이어졌다고 보았다. 그래서 "길었던 도금시대"라 부른 것이다.

이 시기에 미국은 원료 채취산업을 키우며 억만장자들을 탄생시켰다. 록펠러, 카네기, 포드, 오늘날까지 이름이 남은 인물들이다. 그러나 그들의 성공은 사회 전반에 극심한 불평등을 남겼다. 크루그먼은 이 시대를 "무엇보다도 극심한 경제적 불평등의 지속"이라고 규정했다. 피케티 역시 "21세기 자본주의 역시 새로운 도금시대가 될 수 있다"라고 경고한다.

물론 공(功)도 있었다. 도금시대의 경제성장은 모든 계층의 생활수준을 조금씩 끌어올렸다. 대부분의 미국인이 1870년대보다 1920년대에 더 잘살게 된 것도 사실이다. 한국의 박정희 시대도 비슷했다. 고도성장 속에 다수 국민이 가난에서 벗어났지만, 동시에 재벌 중심의 불평등 구조가 굳어졌다. 하지만 그늘은 깊었다. 1920년대 말에도 미국 노동자 다수는 여전히 뼈저리게 가난했다. 재벌들이 누리는 호화와 달리, 실직이나 산업재해를 당한 이들은 아무런 사회적 안전망 없이 몰락했다. 한국의 1970년 전태일 분신 사건이 보여주 듯 산업화의 영광 뒤에는 희생된 시민들이 있었다.

그럼에도 불평등을 '자연스러운 발전 과정'으로 보는 시각이 여전히 존재한다. 대표적인 것이 '쿠즈네츠 곡선' 이론이다. 쿠즈네츠에 따르면, 산업화 초기에는 도시 노동자의 임금이 억제되고 자본가만 부를 쌓아 불평등이 심화된다. 그러다 일정한 발전 단계를 지나면 불평등이 완화된다는 것이다. 즉, 저개발 단계에서는 모두가 비슷하게 가난하고, 산업화 초기에는 불평등이 심해지며, 이후에야 서서히 불평등이 줄어든다는 설명이다. 미국의 "길었던 도금시대"는 바로 그 전형적인 초기 국면이었다.

무엇이 불평등을 더욱 심화시켰는가

산업화 초반의 불평등이 백번 양보해 '자연스러운 현상'이라 치자. 그렇다 하더라도 시간이 지나면 개선하려고 노력해야 하지 않겠는가? 그런데 왜 불평등은 나아지기는커녕 더 깊어져만 갔을까. 크루그먼은 이렇게 묻는다.

"길었던 도금시대 동안 막대한 부가 축적되면서 소득격차는 커져만 가고, 가난한 노동자들이 넘쳐나는 가운데 소수 엘리트 집단은 최소한의 세금만 내는데도 민주국가라는 미국에서 정부가 부자들의 부를 가난한 이들에게 나누어줘야 한다는 주장은 왜 제기되지 않았을까."(36쪽)

이미 답은 이 질문 속에 숨어 있다. 불평등 개선은 곧 부자의 몫을 덜어내 가난한 자에게 나누는 일이다. 표현을 아무리 고급스럽게 한다 해도 본질은 변하지 않는다. 그럼에도 이 어려운 일을 대압착시대에 해냈다는 사실이 놀라운 것이다. 도금시대에는 왜 불평등 개선이 막혔을까?

첫째, 정부는 철저히 부자 편이었다. 대기업 고용주들은 노동조합을 전혀 두려워하지 않았다. 임금과 노동조건을 마음대로 정했고, 파업이 일어나면 고용주가 '파업 파괴자'를 불러내거나 아예 군대가 투입되어 진압했다. 1892년 카네기 제강소 파업, 1894년 풀먼 파업이 대표적이다. 한국 산업화 시절에도 이런 장면은 낯설지 않다.

둘째, 시민 다수는 투표권조차 없었다. 1910년 미국 성인 남자의 14%는 시민권 없는 이민자라 투표가 불가능했다. 남부 흑인들은 짐 크로법으로 완전히 배제되었다. '입을 막아놓고 가만히 있으라'라는 말이 제도 그 자체였던 셈이다.

셋째, 분열을 조장했다. 크루그먼은 "인종 간의 대립이 보수주의자들에게 유리하게 작용했다"라고 했다. 인종 갈등과 지역 갈등은 선거 전략의 '단골 메뉴'였다. 그 결과, 불평등에 맞서 함께 싸워야 할 사람들이 서로 등을 돌렸다. 기득권 세력으로서는 '손 안 대고 코 푸는' 격이었다. 한국에서도 인종 대신 지역 갈등이 같은 역할을 했다. 노무현이 동서화합을 내

걸었던 이유가 바로 여기에 있다.

넷째, 좌파몰이 전략이 통했다. 도금시대 미국에서는 불평등 해소를 주장하는 사람을 '유럽 사상에 물든 위험한 급진주의자'로 몰았다. 한국도 다르지 않았다. 2024년 12.3사태는 이런 낙인찍기의 반복이었다. 권력을 유지하려는 전형적인 방식이다.

마지막으로, 비전을 가진 리더가 극소수였다. 불평등을 넘어서려는 구상을 가진 이는 손에 꼽을 정도로 적었다. 대다수 시민은 속으로는 변화를 바랐지만, 정치적 프레임 - 지역 갈등, 색깔론, 네거티브 전략 - 에 휘말려 침묵하는 것처럼 보였다. 그래서 변화의 목소리는 언제나 극소수만의 외침으로 축소되었다. 이런 순간에, 노무현처럼, 루스벨트처럼 '불평등을 넘어서려는 비전'을 가진 리더가 필요하다. 극소수가 소수가 되고, 소수가 다수가 되고, 다수가 대다수가 될 때, 비로소 불평등을 넘어설 수 있다.

기적처럼 찾아온 대압착시대

도금시대까지 불평등은 심화되었지만, 1930년대 이후 기적 같은 변화가 나타났다. 크루그먼은 간단히 말한다.

"부의 집중은 뉴딜정책으로 현저히 줄었다."(33쪽)

바로 이 뉴딜정책이 대압착시대를 만들어냈다. 대압착시대의 가장 큰 특징은 부자가 희생된 대신 육체노동자 – 특히 산업노동자 – 가 큰 수혜를 입었다는 점이다. 크루그먼은 이렇게 보도한다.

"대압착시대 이후 1940년대 중반에서 1970년대 중반까지 30년은 육체노동자들의 황금기였다."(72쪽)

많은 노동자가 안정된 직장에서 노조의 보호를 받으며 숙련 노동자 못지않은 소득을 올렸고, 이웃들의 생활 수준도 서로 엇비슷했다. 당시 미국에서는 의료보험과 사회보장 제도가 널리 확산되었다.

"1955년에는 60%가 넘은 미국 국민이 적어도 가장 기본적 형태의 의료보험과 입원비를 보장받았다. 그리고 연방정부는 해고 근로자들을 위한 실업보험과 퇴직 근로자들을 위한 사회보장 제도 등 주요 혜택을 민간 기업이 제공하는 새로운 제도를 마련하도록 지원했다."(64쪽)

경제적 격차 역시 눈에 띄게 줄었다. 1950년대에는 조립공정의 미숙련공과 숙련공 간 임금 격차가 크게 줄었고, 변호사 등 고학력 고임금층이 누린 프리미엄도 육체노동자 대비 감소했다. 크루그먼은 이를 이렇게 평가한다.

"전후 경기호황 시절 일반 가정의 실질 소득은 지금의 가치로 환산하면 2만 2,000~4만 4,000달러로 거의 두 배 상승했다. 그리고 전 계층의 소득도 비교적 평준화된 양상을 유지하며 비슷한 성장률을 보였다."(81쪽)

객관적인 자료도 이를 뒷받침한다. 버클리대 경제학자 J. 브래드퍼드 드롱은 1925년 32명이던 억만장자가 1957년 16명, 1968년 13명으로 감소한 사실을 조사하며, 이를 뉴딜정책의 성과로 설명했다

(33쪽). 즉 대압착시대는 부의 편중을 줄이고 평등을 실질적으로 확대한 시기였다. 이러한 경험은 오늘날에도 좌파적 사회를 추구하는 사람들에게 표본으로 회자된다. 미국에서 '대압착'이 불평등 해소를 의미했듯, 한국에서도 이를 참고해 2016년 정의당 당시 심상정 대표가 국회 연설에서 '최고·최저임금 연동제, 초과이익 공유제, 아동·청년·노인 기본소득제'를 3대 대압착 플랜으로 제시했다.

경제가 주도했을까, 정치가 주도했을까

대압착시대를 가능하게 한 힘은 무엇일까. 드롱이 말했듯, "이는 뉴딜정책의 힘이라고 설명할 수밖에 없다."(33쪽) 그렇다. 대압착시대는 경제정책 그 자체보다 그 정책을 시행한 정치의 힘에서 비롯되었다. 그렇다면 경제가 시대를 주도했는지, 정치가 주도했는지에 대한 논쟁은 여전히 존재한다. 크루그먼은 이를 이렇게 설명한다.

> "역사는 경제적 불평등과 정치적 양극화가 하나가 되어 일종의 춤을 춰 왔다는 것을 보여준다."(18쪽)

즉 경제와 정치는 서로 맞물려 영향을 주고받았다. 초기에는 경제가 흐름을 주도한다고 믿었지만, 그는 나중에 생각을 바꾼다.

> "정치적 양극화 현상이 소득격차를 확대했다는 확신이 들기 시작했다."(19쪽)

정치적 환경이 경제적 불평등을 결정하는 데 결정적 역할을 했다는 것이다. 실제로 1970년대 중반, 공화당을 장악한 우파와 보수주의 운동이 경제적 불평등 확대에 앞서 존재했음을 그는 확인했다.

정치가 경제를 주도할 수 있었던 이유는 정치권이 단순히 국회의원과 대통령만이 아니라 언론, 싱크탱크, 출판사, 보수주의 네트워크까지 포함하는 거대한 조직이었기 때문이다. 크루그먼은 이렇게 묘사한다.

"정치하면 떠올리는 범주를 훨씬 넘어선, 사람과 조직으로 이루어진 거대한 네트워크였다. 보수주의 운동은 공화당 외에도 언론 그룹, 싱크탱크, 출판사, 사람들로 구성됐다."(23쪽)

한국의 사례도 다르지 않다. 박정희 정부의 경제개발 5개년 계획을 보면 정치가 경제를 주도한 사례가 뚜렷하게 드러난다.

정치권은 자금을 동원해 경제정책을 좌우하고 때로는 부자들의 후

차수	시기	주요 내용
1차	1962~ 1966	- 자립적 경제성장 기초 구축- 기간산업 육성 　(발전소, 제철, 비료, 시멘트) - 사회간접자본 확충(도로·항만) - 수출 드라이브 시작
2차	1967~ 1971	- 경공업 중심 산업화(섬유, 의류, 신발 등) - 수출 10억 달러 달성 - 농업 생산성 향상 시도
3차	1972~ 1976	- 중화학공업화 정책 본격화 　(철강, 조선, 석유화학, 기계, 전자) - 포항제철 가동, 산업단지 조성 - 산업구조 농업→공업 중심 전환

4차	1977~ 1981	- 중화학공업 정착·고도화 - 전략산업 집중 육성(조선·자동차·철강·전자) - 에너지 개발(원자력 발전소 시작) - 석유 파동·정치 혼란으로 차질
5차	1982~ 1986	- 고도성장보다 안정화 지향 - 물가 안정, 국제수지 개선 - 기술집약적 산업 육성(전자·정보통신·자동차) - 농어촌 지원 강화, 새마을운동 연장

원을 통해 '불평등 시대'를 유지했다. 크루그먼은 이렇게 설명한다.

"보수주의 운동을 이끄는 힘은 바로 돈이다. 소득 불평등 증가와 누진세 철폐, 복지 제도의 철회 등으로 이득을 보는 부호들과 몇몇 대기업이 재정적으로 이들을 지원한다."(24쪽)

즉, 거대한 정치 네트워크는 경제뿐 아니라 사회 전반을 주도하며, 정치적 힘과 경제적 힘이 결합하여 '불평등 구조'를 유지·확대했다. 이런 맥락에서 볼 때 대압착시대의 기적도 결국 정치와 경제가 맞물린 결과였다.

정치가 불평등을 개선하는 핵심 원리, 세금정책

크루그먼은 묻는다.

"이런 변화는 정치로 인한 것일까, 아니면 객관적인 시장의 힘에 따른 것일까."(67쪽)

시장의 힘, 즉 애덤 스미스가 말한 '보이지 않는 손' 때문일까. 크루그먼은 단호히 답한다.

"뜻밖에도 평등화에 대한 연구가 상세히 이루어질수록, 급작스러운 변화는 시장의 점진적 반응이 아니라 정치적 힘의 균형이 달라진 결과처럼 보인다."(68쪽)

그렇다면 정치가 변화를 어떻게 만들어냈는가. 크루그먼은 상위 1% 부자들의 소득을 관찰하면 그 답을 알 수 있다고 말한다.

"급격한 변화와 정치적 요소가 얼마나 중요한지 파악하기에 가장 좋은 방법은 부자들의 소득을 살펴보는 것이다."(69쪽)

이유는 간단하다. 일반 국민보다 부자들의 소득 변화가 더 명확하게 기록되어 있기 때문이다.

"1913년 이후, 부자들은 소득세 신고를 통해 연방정부에 재정 정보를 제출하게 되었고, 이를 분석하면 정치적 영향이 선명하게 드러난다."(69쪽)

그 결과, 1930년대 중반까지는 불평등이 줄어들 기미가 없었지만 단 10년 사이에 상위 부자들의 지위는 급격히 하락했다. 크루그먼은 보도한다.

"1950년대 최고 부자들의 소득이 급감했다."(70쪽)

그 원인은 명확하다.

"이렇듯 부자들의 소득이 급감한 이유는 바로 '세금' 때문이었다."(70쪽)

세금정책은 정치가 불평등을 직접 조정할 수 있는 가장 강력한 수단이었다.

"뉴딜정책은 상위 0.1% 부자들의 소득을 상당 부분 세금으로 거두어갔

다."(72쪽)

구체적으로 보면, "1920년대 부자들에게 세금은 크게 부담되지 않았다. 소득세 상한은 24%, 상속세는 20% 수준으로, 부자들은 여전히 왕국을 유지할 수 있었다. 그러나 뉴딜정책 이후, 루스벨트 대통령 임기 동안 소득세 상한은 첫 임기 63.5%, 두 번째 임기 79.5%까지 올랐고, 1950년대 중반에는 냉전 비용 충당을 위해 91%까지 인상되었다."(71쪽) 상속세도 마찬가지였다.

"투자자본 의존형 부자들은 세금으로 소득이 크게 줄었을 뿐 아니라, 자녀에게 재산을 물려주기도 어려워졌다. 상속세 상한은 20%에서 45%, 60%, 70%, 결국 77%까지 올랐다."(71쪽).

그 결과, "1929년 부유층 상위 0.1%가 국부의 20%를 소유했던 것과 달리, 1950년대에는 약 10%로 감소했다."(72쪽) 즉, 대압착시대의 평등은 경제 구조가 바뀌어서가 아니라 정치적 힘, 특히 세금 정책을 통해 가능했다. 부자들의 소득과 재산을 재분배함으로써 중산층과 노동자의 실질소득이 증가했고, 사회 전체의 불평등이 크게 완화되었다. 크루그먼은 강조한다.

"1920~50년대 소득격차가 크게 줄어든 이유 중 하나는 부유층 소득이 줄었기 때문이다."(63쪽)

이는 과중한 세금 이후의 실제 소득이 감소했음을 의미한다. 지금 한국 사회에서 기본소득과 기본사회 논의가 큰 논란을 불러오는 이유도 같다. 핵심은 '부자의 몫을 빼앗아 가난한 사람과 공유하는 것'

이 정치적 갈등을 유발하기 때문이다. 그러나 뉴딜정책 사례에서 보 듯, 사회적 합의만 있다면 세금정책을 통한 새로운 대압착시대를 재 현할 수 있다는 의미이기도 하다.

'불평등 완화'를 가능하게 한 또 다른 원동력, 노조의 부활

뉴딜정책이 시행된 시대는 육체노동자들의 황금기였다. 실제로 "아주 좋은 직장을 가진 육체노동자들은 대졸 학력 전문직 종사자와 거의 같거나 더 높은 보수를 받았다(72쪽)"라고 보고된다. 그렇다면 이러한 변화는 왜 가능했을까. 크루그먼은 명확히 지적한다.

"육체노동자들이 1920년대보다 1950년대에 전성기를 누린 가장 큰 이유 는 노동조합의 부활에서 찾을 수 있다."(73쪽)

뉴딜정책 이전, "노조 결성 자체는 어려운 일이었다. 연방정부는 고용주 편에 서서 노조 조직자들을 탄압했고, 노조를 짓밟는 데 앞 장섰다."(74쪽) 하지만 뉴딜정책이 시행되면서 상황은 극적으로 달 라졌다.

"뉴딜정책 시행 후 노조원이 급증했고, 노조의 힘도 강력해졌다. 1933~38 년 사이 세 배로 증가했고, 1947년에는 다시 두 배로 늘어, 제2차 세계대전 이 끝날 무렵 농업에 종사하지 않는 노동자 중 3분의 1 이상이 노조원이었 다."(73쪽)

이 모든 변화는 정치의 힘에서 비롯됐다. 루스벨트 행정부는 연방 정부를 노동자의 수호자로 전환했다.

"루스벨트는 1935년 전국노동관계위원회(NLRB) 설치를 가능하게 한 공정 노동관계법에 서명하면서, 산업 노동자들이 단체 교섭을 위해 조직을 구성할 권리를 보장하고, 정부가 이들의 법적 권리를 보호하도록 하려 했다."(74쪽)

즉, 정부가 고용주의 대변인에서 노동자의 수호자로 입장을 바꾸면서 노조에 활력이 불어넣어진 것이다. 노조의 활성화는 곧 사회 전체에 큰 영향을 미쳤다.

"노조에 새롭게 부여된 힘이 중산층 중심 사회 탄생의 주요인이 되었음을 알 수 있다."(75쪽)

노조가 힘을 얻고 중산층이 강화되면서, 보다 건강하고 안정적인 사회 구조가 만들어졌다. 대압착시대가 단순히 부자에게 세금을 부과한 효과뿐 아니라, 노동자의 권리 강화와 사회적 평등을 동시에 실현할 수 있었던 이유가 바로 여기에 있다.

'노조 강화, 부자 과세'를 하겠다고 하면 나오는 반응

크루그먼은 "부자들에게 엄청난 세금을 거두고 노조에 어마어마한 권력을 주고, 소득격차를 줄이기 위해 임금을 통제하는 제안을 한다면 학자들은 뭐라고 할까(79쪽)"라며 다음 두 가지 반응을 보고했다.

첫째, "이러한 정책이 불평등에 큰 영향을 줄지 전반적으로 회의적일 것이다. 적어도 장기적으로 봤을 때 말이다. 기본적인 경제이론에 따르면 수요와 공급의 법칙을 거스르는 노력은 보통 실패한다. 정부가 전시 체제의 강력한 권한을 통해 더 평등한 임금 구조로 전환하고 법령을 제정해도, 종전 후 법령이 사라지면 곧바로 임금 격차는 다시 나타날 것이다."(79쪽)

둘째, "극우파뿐 아니라 사회 전반적으로 그렇게까지 과격한 평준화 정책은 경제적 유인책을 제거함으로써 경제를 파괴한다는 주장이 나왔을 것이다. 높은 수익에 높은 세금을 부과하면, 사업 투자 기반이 무너질 것이다. 높은 임금에 높은 세금을 부과하면, 기업가 정신과 개인의 이윤 추구 동기를 말살할 것이다. 강력한 노조는 임금 인상을 과하게 요구할 것이고, 대량실업으로 이어져 생산성 향상을 저해할 것이다."(79쪽)

요약하면, 그러한 정책은 실패할 것이고, 한시적일 것이며, 경제를 파괴할 것이고, 대량실업으로 이어져 생산성을 저해한다는 것이다. 대한민국에서 '노조 강화, 부자 과세'를 하겠다고 하면 나오는 반응과 어쩌면 이리 똑같을까. 이러한 반응이 상당히 일리가 있고 나름 합리적이라는 것은 차치하고 말이다.

하지만 사람들이 예상한, 극단적 소득 평준화로 인한 불행한 결과는 제2차 세계대전 이후까지 나타나지 않았다. 반대로 "대압착은 오랫동안 소득을 평준화하는 데 성공했다. 그리고 이 평등의 시대는 전례가 없고 앞으로도 다시 오지 않을 번영의 시기였다(80쪽)"라며 걱정할 필요가 없다고 역설한다. 그러면서 "대압착이 미국의 경제적 번영을 저해했다고 보기보다는, 오히려 덕분에 경제가 활기를 띤 듯하다(82쪽)"라며 크루그먼은 강조했다. 무엇보다 "그리고 놀라운 일이 일어났다. 변화가 지속된 것이다(79쪽)"라는 가슴 벅찬 보고를 했다. 이로써 뉴딜정책의 핵심 사항은 다음과 같다.

"뉴딜정책은 기업과 부유층에 무거운 과세를 하고, 노조의 성장을 촉진하고, 상류층의 세액 공제 후 소득을 대폭 줄이는 등 소득 불균형을 해소하기 위한 장치를 마련했다."(88쪽)

이는 불평등을 완화하고 평등한 사회, 즉 대압착시대로 만든 핵심 요소이기도 하다.

루스벨트는 어떻게 이런 기적을 이룰 수 있었나

크루그먼은 이렇게 설명한다.

"평상시라면 미국 같은 시장경제에서 정부는 기껏해야 임금에 영향을 줄 수 있을 뿐, 이를 직접 정할 수 없다. 그러나 1940년대에 들어 거의 4년 동안 미국 정부는 전쟁 지원 노력의 일환으로 경제의 중요한 부분을 거의 직접 통제했다. 또한 사회 전체적으로 소득 분배 평등화를 위해 그 영향력을 이용했다."(76쪽)

아이러니하게도 전쟁이 그 기적을 가능하게 했다는 얘기다. 전쟁은 악재였지만 동시에 기회였다. 전시 상황 덕분에 정부가 경제를 직접 통제할 수 있었던 것이다.

"루스벨트는 진주만 공격을 감행한 지 한 달 정도 지나 국가전시노동위원회를 부활시키고 전보다 더 많은 권한을 부여했다. 전쟁으로 인플레이션 압

박이 커지면서 정부는 많은 필수품 가격을 통제하게 되었다. 이런 통제는 전쟁으로 부족해진 노동력 때문에 임금이 폭등했다면 불가능했을 것이다. 따라서 국가 주요 산업체들의 임금도 연방정부 통제 아래 놓이게 되었다. 임금 인상은 무조건 국가전시노동위원회의 승인이 필요했다. 그 결과 정부는 노사 간 분쟁 중재뿐 아니라 민간 부문의 임금 상승률까지 지시하게 되었다."(77쪽)

비록 전시라는 특수 상황 덕분이었지만, 루스벨트와 그의 행정부는 주어진 막강한 권력으로 '부자에게 편중되는 친기업 정책'을 얼마든지 펼칠 수 있었다. 그러나 놀랍게도, "루스벨트 행정부의 이념을 따르는 국가전시노동위원회가 마련한 규정은 고소득 노동자보다 저소득 노동자 임금을 올리는 경향이 있었다."(78쪽) 즉, 전쟁이라는 특수한 상황과 정치적 의지가 결합하여, 평등한 소득 분배를 실현할 수 있었던 것이다.

이 책을 쓰기 전, 나의 좌파 영웅은 두 명이었다. 한 명은 마르크스, 또 한 명은 노무현. 하지만 지금은 한 명이 더 추가되었다. 바로 프랭클린 루스벨트다. 마르크스는 좌파의 강력한 동기와 이론을 제공했고, 노무현은 좌파의 감성과 의지를 활활 타오르게 했고, 루스벨트는 구체적인 좌파의 길과 실천적 해법을 제시해 주었다. 크루그먼은 우리에게 이렇게 권고한다.

"루스벨트와 트루먼이 그 시절에도 이런 일을 할 수 있었다면, 우리도 그들의 업적을 재현할 수 있을 것이다."(60쪽)

그러면서 그는 "프랭클린 루스벨트는 개혁을 일으킬 수 있는 적절한 인물이었고, 시기도 잘 맞아떨어졌다(56쪽)"라고 우리에게 조언해 준다. 이 말을 곱씹어 보면, 12.3사태라는 위기는 오히려 시기가 적절하게 맞아떨어진 기회일 수 있다. 우리가 이 시대의 루스벨트가 되어, 새로운 대압착시대를 재현할 수 있는 가능성을 보여줄 차례다.

평등한 사회는 정부의 정치력으로만 가능하다

이번 장의 핵심 질문은 두 가지였다. 평등한 세상은 가능한가. 그리고 가능하다면, 무엇으로 가능한가. 답은 이제 분명해졌다. 가능하다. 그리고 그것은 정치로 풀 때 가능하다. 이를 확인하기 위해 우리는 미국의 도금시대와 대압착시대를 돌아보았다. 극단적인 불평등이 어떻게 만들어졌는지, 그리고 그 불평등이 어떻게 다시 완화될 수 있었는지를 살펴보았다. 특히 대압착시대 루스벨트 정부의 사례는, 평등이 결코 추상적 이상이 아니라 구체적인 정치적 선택의 결과였음을 분명하게 보여준다. 크루그먼은 이 시기를 이렇게 정리한다.

"이렇게 미국 정부가 다수 노동자의 임금을 어느 정도 직접 정할 수 있는 위치에 있을 때, 정부는 미국을 더 평등한 사회로 만들기 위해 그 권한을 이용했다."(78~79쪽)

이 문장의 주어를 '미국'에서 '한국'으로 바꾸어 읽어본다. 그리고 먼 훗날, 역사가들이 우리 시대를 이렇게 서술해 준다면 얼마나 가슴 벅찬 일일까를 상상해 본다.

'정부는 한국을 더 평등한 사회로 만들기 위해 그 권한을 이용했다.'

이 한 문장을 곱씹고 있노라면, 왜 마르크스가 평생 '정치권력의 획득'을 핵심 과제로 삼았는지 조금은 이해하게 된다. 정치적 힘이야말로 불평등을 줄이고 평등한 사회를 만들어내는 유일하고도 실질적인 수단이기 때문이다. 시장의 자율이나 개인의 선의가 아니라 공적 권력을 어떻게 사용하느냐가 사회의 얼굴을 결정한다는 사실을 역사는 반복해서 증명해 왔다.

20장

내게도 꿈이 있습니다
_내가 꿈꾸는 좌파적인 세상

이제 우리가 답할 차례다

이제 우리 차례다. 대한민국에서도 제2의 뉴딜정책을 실행하는 국가를 만들어 보자. 세계를 선도하는 롤 모델의 국가, '완전한 기본사회'가 구현되고 '생산수단의 공공화'가 조화롭게 이루어지며, 평등과 기후정의가 함께 실현되는 사회를 향해 나아가자. 그리고 이 거대한 전환 앞에서, 나 역시 하나의 꿈을 말하지 않을 수 없다.

나의 이 꿈은 막연한 희망이나 개인적 이상이 아니다. 앞에서 살펴본 것처럼, 평등한 사회는 한 번도 존재하지 않았던 유토피아가 아니라 역사 속에서 실제로 시도되었고, 일정 부분 성취되었던 현실이었다. 뉴딜은 그것이 가능하다는 사실을 증명했고, 복지국가는 그 성과를 제도화했으며, 기본소득과 기본사회 논의는 그 연장선 위에서 다시 등장했다. 그렇기에 내가 말하려는 꿈은 '새로운 상상'이 아니라 중단되었던 역사적 가능성을 다시 잇는 일에 가깝다.

그래서 나는 이 장에서 거창한 미래 예언을 하려 하지 않는다. 다만 지금 이 시대, 불평등과 기후위기가 일상이 된 세계 앞에서 한 명의 민주시민이자 좌파로서, 그리고 이 책을 여기까지 써 내려온 한 사람으로서 말할 수밖에 없는 꿈을 이야기하려 한다. 그것은 경쟁과 성장의 언어가 아니라 존엄과 연대, 생존의 언어로 다시 사회를 설계하자는 꿈이다. 나에게도 꿈이 있다. 그리고 이 꿈은 나 혼자의 꿈이 아니라 이 시대가 우리 모두에게 요구하고 있는 꿈이라고 믿는다.

나는 꿈꿉니다

1963년, 마틴 루터 킹은 워싱턴 대행진에서 외쳤습니다.

"I Have a Dream."

흑백차별과 불의의 시대를 넘어

인간의 존엄과 평등이 실현되는 세상을 외치며

그는 그 시대를 흔들었습니다.

그의 꿈은 단순한 희망이 아니었습니다.

절박한 시대정신이었고,

반드시 도래해야 할 내일의 선언이었습니다.

그리고 지금,

나 역시 이 시대를 살아가며 또 다른 '꿈'을 꿉니다.

이 불평등하고 위태로운 세상에

진정한 좌파적인 세상이 도래하는 그날을 나는 꿈꿉니다.

내게도 꿈이 있습니다.

더 이상

가진 자가 부를 과시하지 않고,

못 가진 자가 가난을 부끄러워하지 않는 세상.

더 이상

연탄 몇 장 나른 일이

'더불어 사는 세상'이라는 미화로 포장되지 않는 세상.

사람과 사람 사이에

은혜를 베푸는 자와 받는 자가 아니라,

서로 손잡고 살아가는 연대의 삶이 존재하는 세상.

이 모든 것이 사회적 시스템이라서

너무나도 평범한 일상이 되는 세상.

나는 꿈꿉니다.

약자가 눈물짓지 않고,

강자가 오만해지지 않는 세상.

경제 성장이 '1%'의 탐욕이 아니라

'99%'의 삶을 풍요롭게 하는 도구가 되는 사회.

기후위기를 두려움이 아닌 책임으로 마주하며,

자연과 조화를 이루는 생태적 전환의 세상.

나는 꿈꿉니다.

모든 사람이 단지 '인간'이라는 이유만으로

의료, 교육, 주거, 돌봄을

당당히 누릴 수 있는 사회.

기본소득을 넘어,

인간다운 삶의 필수 조건을 사회가 책임지는

'기본사회'가 실현되는 세상.

노동을 해야만 존중받는 것이 아니라,

존재하는 그 자체로 존엄이 인정되는 사회.

실업이 낙오가 아니라

삶의 다양한 가능성과 성찰의 계기가 되는 세상.

나는 꿈꿉니다.

가난한 집에 태어났다고

가난을 대물림받지 않아도 되는 세상.

완전한 평등은 아닐지라도,

기회마저 한 번도 주어지지 않는 것이 아니라

적어도 '한 번의 기회'는 누구에게나 열려 있는 세상.

청년들이 꿈을 꾸는 데

경제적 허들이 걸림돌이 되지 않아,

적어도 '도전할 자유'만큼은 지켜지는 세상.

나는 꿈꿉니다.

정치가 특권층의 놀이판이 아니라,

모든 시민의 삶과 직결되는

진짜 '공공의 장'이 되는 사회.

권력은 독점이 아니라,

함께 나누고, 감시하고, 교대하는 시스템이 되는 세상.

정치란 더 이상

명예나 권력의 상징이 아니라,

헌신과 봉사의 일상이 되어야 하는 일.

그래서 정치 사역이 너무 고되기에

아무나 하려고 들지 않지만,

정말로 헌신하고 싶은 사람만이 나서며

그 정치인은 사람들의 진심 어린 존경을 받는 세상.

나는 꿈꿉니다.

더 이상 좌파라는 이유로

색깔론의 공격을 받지 않고,

좌파적 가치가 이 시대의 대안으로 당당히 인정받는 세상.

내가 음성 꽃동네 벽에서 보았던 문장,

'한 사람도 소외됨이 없는 더불어 사는 세상'이

더 이상 이상이 아니라 현실이 되는 세상.

이 꿈은 나 혼자 꾸는 꿈이 아닙니다.

고단한 하루를 견디는 청년들,

이 땅의 어르신들,

차별받는 여성들,

목소리 없는 성소수자들,

소외된 노동자들,

침묵 당한 모든 약자와 함께 꾸는 꿈입니다.

노무현이 꿈꾼 세상이 '사람 사는 세상'이었다면,

내가 꿈꾸는 세상은 '더불어 사는 세상'입니다.

그것은 노무현이 꿈꾸었던 '사람과 사람이 더불어 사는 세상'을 넘어

'사람과 자연도 더불어 사는 세상'을 말합니다.

이 꿈은 노무현이 말한 것처럼

이 세상의 모든 깨어있는 시민이 함께 꾸는 꿈입니다.

이 꿈은 머나먼 공상이 아닙니다.

이제,

현실이 되어야 할 시대적 요청이자 '시대정신'입니다.

나는 믿습니다.

좌파적 가치가 이 세상을 구원할 수 있음을.

인간의 존엄과 평등을 지키는 길이

좌파적인 세상에 있음을.
기후위기로 망가져 가는 지구가
더 이상 망가지지 않고
회복되는 유일한 길이
좌파의 연대적 전환 속에 있음을.

그래서 나는
포기하지 않을 것입니다.
말할 것입니다.
기록할 것입니다.
싸울 것입니다.
그리고 연대할 것입니다.
내게도 꿈이 있습니다.
우리 모두의 꿈이,
현실이 되는 그날까지.

"만국의 시민이여! 단결하라"

나는 이러한 꿈들이 꿈으로만 있지 않고 실현되기를 바라는 마음으로 이 사회에 이렇게 제시한다.

좌파(또는 좌익)연구소와 좌파센터 그리고 좌파스쿨이 생기기를 희망한다. 반대로 우파(우익)연구소와 우파센터와 우파스쿨이 생겼으면 좋겠다. 또는 좌우연구소, 좌우센터, 좌우스쿨도 괜찮다. 이런 노골적인 이름이 부담된다면 더불어연구소, 더불어센터, 더불어스쿨도 좋다.

이 시설에선 사회적·경제적·환경적 문제를 토론하고 배우는 자리가 될 것이다. 신선한 사회적 담론이 여기에서 재창조될 것이다. 정부와 정치를 비판하고 새로운 대안까지 내놓는 창구가 될 것이다. 또한 스쿨에서는 좌(우)파 정치인을 양성하게 된다. '독토실(독서하고 토론하고 실천하는) 모임'이 활성화되어 어린이부터 어른까지 더불어 살기에 탄탄한 사람들로 양성될 것이다. 어린이와 청소년들은 어렸을 때부터 정치와 각종 이슈를 배워서, 스웨덴의 환경소녀 그레타 툰베리와 같은 청소년이 한국에서 나오고, 세계 최연소 국회의원 안나 뤼어만(독일에서 19세에 당선) 같은 청소년이 미래 한국의 주역이 될 것이다.

이러한 시설이 크게는 시·군 단위, 작게는 면·동 단위로 하나씩 생긴다면 더할 나위 없다. 즉, 각 행정복지센터에 의무적으로 이러한 시설이 생겨 운영된다면 금상첨화다. 이런 상상이 실현된다면 나의 책은 당신과 함께 성공한 것이다. 더불어 우리 대한민국의 미래는 겁나 밝을 것이 분명하다.

차마 다 하지 못한 말들

바로 앞 장에서 나는 개인의 꿈과 희망을 이야기했다. 이제 이 에필로그에서는 그 개인들이 살아가야 할 사회는 어떤 구조여야 하는지, 그리고 우리가 어디까지 와 있고 어디로 가야 하는지를 차분히 돌아보고자 한다.

지구적 난제: 기후위기와 불평등 그리고 '미성(未成)의 사회'

오늘날 지구적 차원에서 인류가 직면한 가장 심각한 난제는 단연 기후위기와 불평등이다. 이 두 문제는 서로 분리된 위기가 아니다. 불평등한 사회일수록 환경 파괴에 더 취약하고, 기후위기는 언제나 사회적 약자에게 먼저, 더 가혹하게 다가온다. 이것은 우연이 아니라 구조의 결과다.

지금의 자본주의는 끊임없는 성장과 경쟁을 전제로 작동한다. 그 과정에서 자연은 자원으로 환원되고, 인간은 노동력으로 분절된다.

이 구조 속에서 우리는 풍요를 얻었지만, 동시에 미성숙한 사회에 머물러 왔다. 이 '미성(未成)'이란 도덕적 결함이 아니다. 자본주의 사회에서의 미성이란, 개인이 자기 삶의 주체가 되지 못한 상태, 그리고 사회 전체가 시민의 통제와 판단이 아니라 시장과 자본의 논리에 종속된 상태를 뜻한다. 이것이 내가 다음 책의 제목을 '자본주의를 버려야 지구가 산다'라고 정한 이유다. 버린다는 말은 파괴의 구호가 아니라, 더 성숙한 사회로 이행하기 위한 결단이다.

'개인적 소유의 재건'과 성숙한 개인

이 고민의 과정에서 나에게 중요한 길잡이가 되어 준 책이 있다. 한지원의 《자본주의는 왜 멈추는가?》(한빛비즈, 2021)다. 저자는 마르크스가 꿈꾸었던 사회의 핵심을 이렇게 정리한다.

> "개인적 소유는 타인을 배척하는 재산의 소유가 아니라 자기 자신의 인격과 노동능력을 소유하는 것을 의미한다."(같은 책, 312쪽)

마르크스가 말한 '개인적 소유의 재건'은 사유재산을 없애자는 뜻이 아니다. 그것은 자본주의가 빼앗아 간 자기 자신에 대한 소유, 즉 자신의 시간과 능력, 노동과 삶의 방향을 스스로 통제할 수 있는 상태를 회복하자는 주장이다. 자본주의 사회에서 우리는 형식적으로는 자유롭다. 그러나 생존을 위해 자신의 삶을 시장에 내맡겨야 하는 자유, 선택하는 것처럼 보이지만 실제로는 선택지가 제한된 자유는 성숙한 자유라 할 수 없다. 진정한 자유란 개인이 자기 삶의 주인이 되는 상태, 다시 말해 '개인적 소유가 재건된 상태'에서만 가능하다.

좋아하는 일을 좋아하는 만큼만 해도 되는 괜찮은 세상

마르크스가 그렸던 대안 사회는 다음과 같이 표현된다.

"생산에서 소외되고 시장에서 물신숭배에 빠지는 개인이 아니라, 개인의 자아실현이 사회적 생산과정이 되고, 사회적 분업이 각 개인의 발전으로 이어지는 그런 사회가 바로 대안 세계이다."(같은 책, 313쪽)

마르크스가 말한 이러한 사회를 요즘 말로 표현하면 '좋아하는 일을 좋아하는 만큼만 해도 되는 괜찮은 세상'이다. 이는 일본 작가 시라이 사토시의 한국판 《삶의 무기가 되는 자본론》(웅진지식하우스, 2021)에 표현된 사회 모습이다. 이 표현이 내가 평생 품어온 '더불어 사는 세상'의 맛깔난 표현이다. 사람이 일을 위해 사는 사회가 아니라, 일이 사람을 성장시키고 사회와 개인을 동시에 풍요롭게 하는 사회. 이러한 대안 사회는 추상적 유토피아가 아니다. 오히려 불평등과 기후위기가 심화된 지금, 이 방향으로 나아가지 않으면 사회 자체가 지속될 수 없다는 현실적 요청이다.

불평등, 그리고 자유의 역설

우파는 흔히 말한다. '불평등하더라도 자유가 더 중요하다'라고. 그러나 나는 분명히 말하고 싶다. 마르크스가 말한 '개인적 소유의 재건'이야말로 진정한 자유다. 자본주의가 낳은 불평등은 단순한 소

득격차가 아니다. 그것은 점점 더 많은 시민을 비참한 상태, 즉 자유
롭지도 평등하지도 못한 상태로 내모는 구조다.

"경제적 불평등은 단지 소득의 격차만이 아니라 이렇게 점점 더 많은 시민
이 비참한 상태로 내몰리는 것을 의미한다."(같은 책, 263쪽)

이런 사회에서 민주주의는 형식으로만 남는다. 선거는 존재하지
만, 시민은 결정권을 갖지 못한다. 이 또한 미성의 민주주의다.

사회주의, 민주주의 그리고 시민권력

한지원은 사회주의를 이렇게 정의한다.

"사회주의의 '사회'는 '개인의 자유로운 발전을 위한 평등한 사회'의 줄임말
이다."(같은 책, 313쪽)

이 문장은 사회주의에 대한 나의 오랜 오해를 정리해 주었다. 사회
주의는 개인을 억압하는 체제가 아니라 모든 개인이 동등한 조건에
서 자유롭게 발전할 수 있도록 하는 사회다. 이 지점에서 사회주의
와 민주주의는 갈라지지 않는다. 오히려 만난다. 내가 말하는 민주주
의란 단순히 대표를 뽑는 제도가 아니다. 그것은 '시민에 의한, 시민
을 위한, 시민의 사회'를 만들어가는 과정이다. 마르크스가 평생 강
조했던 '의회권력의 획득' 역시 특정집단의 권력 독점을 뜻한 게 아
니었다. 그것은 노동자와 시민이 사회의 결정권을 되찾는 역사적 과
정이었다. 오늘날 그 의미는 여전히 유효하다. 다만 그 주체는 더 넓
어져야 하고 그 방식은 더 깊어져야 한다.

열린 결말로서의 선언

내가 말하는 '더불어 사는 세상'은 완성된 정답이 아니라 계속 만들어가야 할 과정이다. 그 과정은 책에서 끝나지 않는다. 시민의 삶 속에서, 지역에서, 그리고 새로운 형태의 시민권력 속에서 이어질 것이다. 그래서 나는 이렇게 나를 선언한다.

나는 더불어 사는 세상을 추구하는 사람이며,

나는 개인의 자유로운 발전을 믿는 사회주의자이며,

나는 시민의 힘을 신뢰하는 민주주의자이며,

나는 중년 좌파다.

그리고 이 선언은 끝이 아니라 시작이다. 어쩌면, 이제야 비로소 질문이 시작되는지도 모른다.

P.S. 나의 다음 책《자본주의를 버려야 지구가 산다》에서는 중년 좌파가 우리 세계를 분석하고 새로운 핵심가치의 세계를 제시할 예정이다.